JN410199

아랍 세계 한걸음 다가가기

우리가 궁금했던 아랍 • 이슬람의 역사와 생활 문화

구 미 란

선문대학교 이슬람센터

아랍세계 한걸음 다가가기

우리가 궁금했던 아랍 • 이슬람의 역사와 생활 문화

초판 1쇄 인쇄_ 2017년 02월 25일
초판 1쇄 발행_ 2017년 02월 28일

지은이_ 구미란
발행인_ 황선조
발행처_ 선문대학교 출판부
등록번호_ 제9호
등록일_ 1998년 09월 25일
주소_ (우) 31460 충청남도 아산시 탕정면 선문로221번길 70
전화_ (041) 530-8180 **팩스_**(041) 530-8184
인쇄_ 다해 (02)2266-9247

값_15,000원
ISBN_978-89-8423-825-1

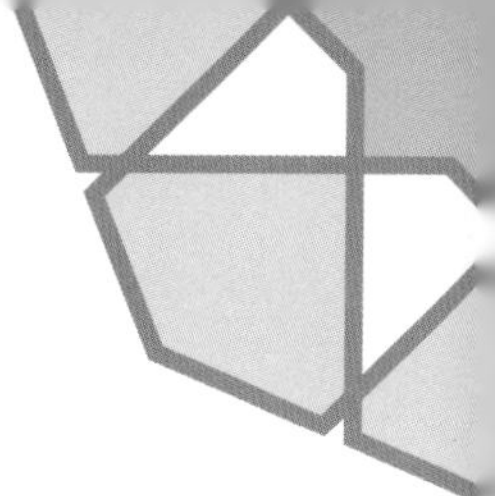

언어는 단순히 명사나 동사 그 외의 단어들로 이루어진 집합체가 아니라 그 속에는 언어가 발생한 지역의 역사와 문화가 포함되어 있다. 특히 아랍어는 이슬람의 역사와 그 맥락을 같이 한다. 아랍어는 이슬람의 발생과 더불어 그 지역의 표준어가 되었고 이슬람의 확대와 더불어 광대한 지역의 언어가 되었다. 따라서 이슬람의 역사와 문화를 제대로 이해하지 못한다면 아랍어의 표현들을 잘 이해하기 어렵다.

이 책은 아랍어와 이슬람을 공부하거나 알고 싶어하는 학생들 및 일반인들을 위해 쉽게 아랍 세계와 이슬람의 역사를 이해하고, 또한 현재 아랍 사회의 모습을 이해할 수 있도록 구성하였다.

현재 아랍어를 공부하는 학생들은 미래의 아랍·이슬람 전문가로 성장할 잠정적 인재이다. 이 교재가 학생들에게 멀게만 느껴졌던 아랍·이슬람 세계에 다가가 그 세계를 이해하며, 아랍어를 공부하는데 도움이 되기를 희망하며, 그들이 전문가로 성장하여 사회에서 활발히

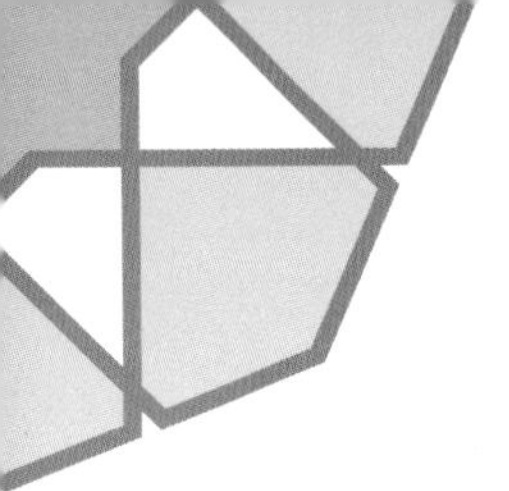
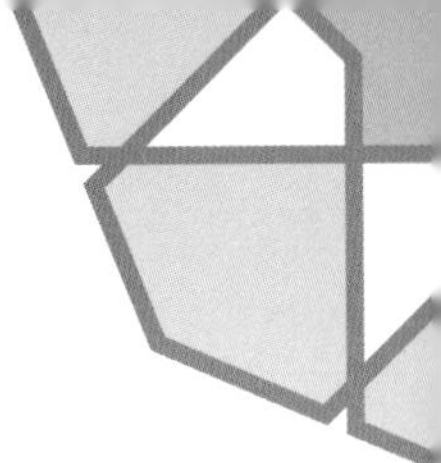

활동하게 되는 그날을 기대해 본다.

또한 일반인들에게는 다문화 국가로 변화하고 있는 우리 사회에 아직은 낯선 이슬람 문화에 대한 이해도를 높여 무슬림들의 생활을 이해하며 함께 사는 조화로운 사회를 이루기 위한 작은 도움이 되기를 바란다.

이 책이 출판되도록 도움을 주신 선문 이슬람 센터의 이원삼 센터장님과 선문대학교 출판부에 감사를 드린다. 또한 항상 내게 용기를 주는 가족들에게도 마음 깊이 감사의 마음을 전한다.

2017년 1월

관악산 아래에서

구미란

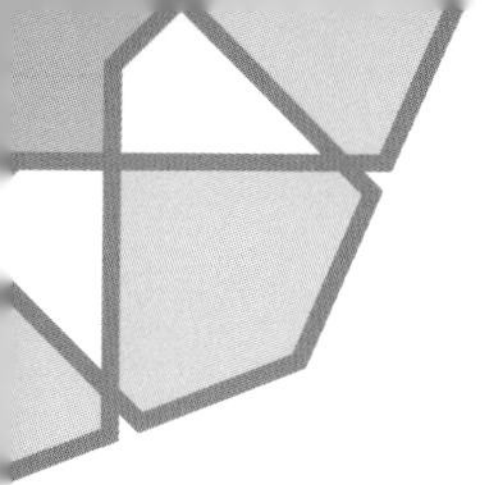

차 례

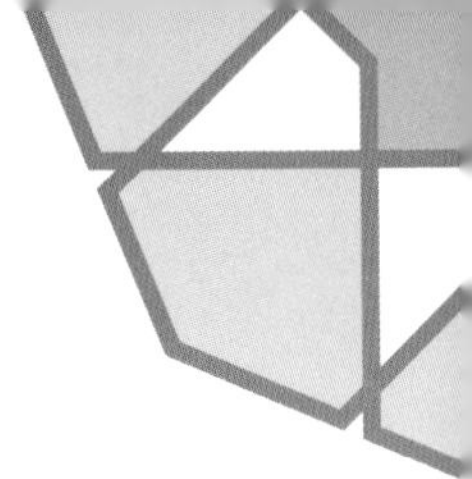

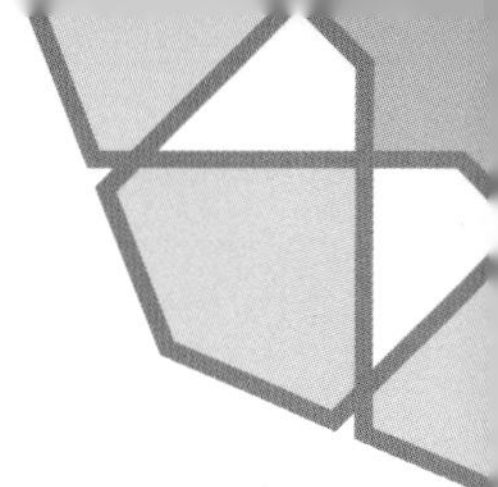

Ⅰ. 아랍인 · 아랍어 · 아랍 세계에 대하여

1. 아랍인

초기의 생활 방식

아랍인들은 약 4천년 전부터 아라비아 반도의 사막에서 초원을 찾아 양이나 낙타 등을 키우며 유목 생활을 하였다. 그들은 목초를 찾아 이동 생활을 하여야 했기 때문에 그들의 주거는 이동에 편리한 텐트가 주를 이루었다. 이러한 아랍 유목민을 '베두인'이라 부른다.

또한 아랍인들은 유목 생활 외에도 평야 지대를 정복해 농사를 지으며 정착 생활을 이루기도 하였다. 그들은 메소포타미아 문명을 지닌 비옥한 초승달 지역**지금의 이라크, 시리아, 팔레스타인** 지역을 정복하여 곡물 농사를 짓고 대추야자 등을 키워 풍부한 농경 작물을 수확하는 풍요로운 생활을 영위하기도 하였다.

그리하여 아랍인들은 자유로운 사막의 생활을 하는 '베두인의 문화'

와 비옥한 초승달 지역의 풍부한 '농경 문화'가 상호 교류를 하는 복합적인 생활 문화를 지닌 민족이 되었다.

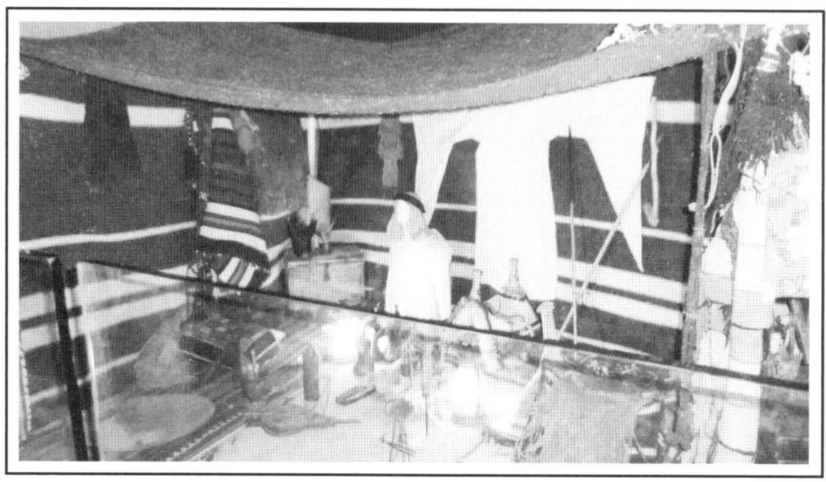

베두인 텐트 (암만 민속박물관 ©구미란)

베두인 텐트 (암만 민속박물관 ©구미란)

사막의 전통 가정의 내부 (리야드 국립박물관 ©구미란)

아랍인의 조상과 현재

아랍인들의 조상은 아브라함과 두 번째 부인 하갈 사이에서 태어난 아들 이스마엘이다. 아브라함에게는 두 아들- 이스마엘과 이삭-이 있었는데, 이 중 이스마엘은 아랍인의 조상이 되고, 이삭은 유대인의 조상이 되었다.

아브라함은 이스마엘과 함께 메카를 방문하였고, 그 자리에 신을 위한 신전을 세운 것이 현재 사우디 아라비아의 메카에 위치한 '하람 성원' 내에 있는 '카으바 신전'이다.

아브라함의 두 아들 이스마엘과 이삭 중 누가 장자인가에 대한 논의가 이슬람과 기독교가 대립하는 하나의 요소이기도 하다. 이슬람에서는 이스마엘이 비록 두 번째 부인인 하갈에서 태어났으나, 이삭보다 먼저 태어났으므로 당연히 아브라함의 장자라 주장하며, 기독교에서는 이삭이 첫 번째 부인인 사라에게 태어났으니 비록 나중에 태어났더라도 장자라 주장한다.

아랍인은 인종학적으로는 셈족에 속하며, 아라비아 반도를 중심으로 유목 생활을 하는 베두인을 일컬었으나, 역사를 지나면서 그들은 지역적으로 인접해 있는 많은 국가들과 지속적인 교류를 통해 또는 전쟁을 통해 여러 민족과 섞이게 되었다. 따라서 현재 아랍인의 개념은 순수한 아랍의 혈통을 말하기 보다는 아랍 연맹에 가입되어 있는 22개 아랍 국가 **UAE · 카타르 · 바레인 · 쿠웨이트 · 사우디아라비아 · 오만 · 예멘 · 이라크 · 요르단 · 레바논 · 시리아 · 팔레스타인 · 이집트 · 리비아 · 튀니지 · 알제리 · 모로코 · 모리타니 · 수단 · 소말리아 · 지부티 · 코모로**에 속하는 국민을 지칭한다. 아랍인들은 비록 국적은 다르다 할지라도 '아랍'이라는 연대의식을 갖고 있으며, 이에 대한 큰 자부심을 가지고 있다.

아랍인의 가족 개념

유목 생활을 시작했던 아랍인들은 목초를 찾아 이동을 해야 하는 생활 방식의 특성상 이동이 편리한 텐트가 그들의 주거 양식이었다. 그러므로 영역이 정해져 있지 않은 사막의 생활은 언제 적들의 침범을 받을지 모를 불안정한 환경일 수 밖에 없었다. 때문에 그들은 가족과 친지들이 함께 모여 살면서 적들의 공격의 위험에 대비했다. 이러한 환경에서 아랍인들에게는 가족의 수와 가족의 유대력이 생존을 위한 큰 힘이 되었다. 그리하여 아랍인들은 가족과 가족들의 집합체인 부족의 결속력을 대단히 중요하게 여기게 되었다. 또한 전통적으로 아랍인들은 족내혼族內婚을 많이 하였는데 그 이유는 자신들의 부족의 혈통을 지키고 힘을 키우기 위해서였다.

아랍인들의 가족에 대한 유대 관계는 그들의 이름에서도 잘 나타난다. 가장 먼저 자신의 이름이 나오고 그 다음에 아버지의 이름과 할아버지의 이름, 맨 끝에 부족의 이름, 즉 가문의 이름이 나오게 된다. 예를 들어 이름이 '하싼 칼리드 마흐무드 꾸라이쉬' 일 경우, '하싼'은 자신의 이름, '칼리드'는 아버지의 이름, '마흐무드'는 할아버지의 이름이고 마지막 '꾸라이쉬'는 가문의 이름이다. 또한 이름에 누구의 아들이븐 혹은 딸빈트을 붙이는 경우도 있다. '이븐'의 경우 단어와 단어 사이에 들어가면 연음이 되어 '븐'으로 발음이 된다. 따라서 이름이 '무함마드 븐 칼리드'라면 '칼리드의 아들 무함마드'라는 뜻이 되고 '파티마 빈트 칼리드'라면 '칼리드의 딸 파티마'라는 뜻이 된다.

한편, 가족 내에서 호칭을 할 때는 누구의 아버지아부, 누구의 어머니움무로 부르기도 한다. 예를 들어 '아부 칼리드'는 칼리드의 아버지라는 뜻이며, '움무 하싼'은 하싼의 어머니라는 뜻이다.

아랍인의 명함 (ⓒ구미란)

2. 아랍어

히브리어와 더불어 셈어에 속하는 아랍어는 아랍 22개국의 약 2억 5천 만 명이 공용으로 사용하는 제1언어로써 영어, 프랑스어, 스페인어, 중국어, 러시아어 등과 함께 유엔UN의 공용어이다. 또한 이슬람의 경전인 '꾸란'코란의 언어로써 전 세계 약 13억 무슬림들이 이해하는 종교 언어로 중요한 위치를 차지하고 있다. 그 이유는 무슬림이라면 국적에 관계없이 예배 과정에서 꾸란을 아랍어로 암송해야 하기 때문이다.

이슬람 이전 시대에 아랍어는 사우디 아라비아의 메카와 그 주변 지역에서 사용되던 언어였다. 그러나 이 지역에 살던 무함마드가 신의 계시를 받은 후 아랍어로 신의 계시를 전파하게 되고 이 계시들을 모아 집대성한 이슬람의 경전인 '꾸란'이 아랍어로 쓰여지게 되었다. 또한 아랍어로 쓰여진 꾸란 만이 성서聖書로 인정을 받으면서 무슬림들은 경전인 꾸란을 읽기 위해서 필히 아랍어를 익혀야 했다. 그리하여 아랍어는 이슬람의 전파와 더불어 이슬람화 된 지역의 공식 언어로 자리잡게 되었다.

이슬람은 사도 무함마드의 사후死後 정통 칼리프 시대(A.D. 632-661), 우마위야 시대(A.D. 661-737), 압바스 시대(A.D.737-1258)를 거치며 동쪽으로는 페르시아현재의 이란, 서쪽으로는 북아프리카와 안달루시아현재의 스페인 남부, 북으로는 터어키에 이르기까지 광활한 영토에 확장되었고, 이와 함께 아랍어가 이 지역의 공식 언어로 사용되었다.

아랍어 자음						
خ	ح	ج	ث	ت	ب	أ
ص	ش	س	ز	ر	ذ	د
ق	ف	غ	ع	ظ	ط	ض
ي	و	ه	ن	م	ل	ك

약 8세기에서 13세기까지 이슬람 제국은 그 당시 세계사에서 가장 높은 학문적 위치를 차지하고 있었다. 그 당시 이슬람의 지도자들은 그리스 · 로마의 과학 · 철학 · 수학 등을 받아들여 연구하기를 격려하였고, 이에 힘입어 이슬람 세계의 우수한 학자들이 이러한 학문들을 발전시켰다. 수준 높은 그리스 · 로마의 대부분의 지식들이 아랍어로 번역되어 책으로 엮어졌고, 이슬람의 학자들은 수학 · 천문학 · 의학 등 많은 분야에서 괄목할 만한 연구 업적을 이루어 내었으며, 이러한 지식은 이슬람 제국 곳곳으로 전파되었다. 그리하여 이 시기에 전달된 아랍어로 씌여진 각 분야의 전문 서적들이 이후 이슬람 제국이 분열된 이후 유럽의 언어로 재 번역되어 스페인 · 이탈리아 등 유럽의 국가로 전해지게 되었다. 이러한 배경이 중세 이후 화려한 유럽의 르네상스의 밑받침이 된 것이다.

이와 같은 역사적 배경으로 인해 현재에도 이란어, 터키어, 스페인어에는 매우 많은 아랍어 단어들이 혼용되어 있다. 또한 영어에서도 아랍어가 어원인 단어들을 찾아볼 수 있다. 그 대표적인 단어들로 커피 coffee 아랍어 '까흐와', 설탕sugar 아랍어 '수카르', 대수학algebra 아랍어 '알 지브라', 면화 cotton 아랍어 '꾸뜬', 알코올alcohole 아랍어 '알 쿠훌' 등이 있다.

현재 아랍 세계에서 사용되고 있는 아랍어의 형태는 크게 문어체 아랍어 Modern Standard Arabic, Classical Arabic와 구어체 아랍어 Colloquial Arabic 로 나눌 수 있다.

문어체 아랍어는 꾸란의 문법에 기초한 표준 아랍어로서, 아랍 국가들에서 공통으로 방송 · 신문 · 교육 분야 등에서 공식적인 언어로 사용된다. 아랍 국가들에서는 학교 교육 시 동일한 문법과 어휘들을 가르치므로 아랍어는 아랍 국가들을 결속시키는 하나의 큰 힘으로 작용한다. 더불어 비아랍국가에서 아랍어를 외국어로 배우는 경우에도 기본적으로 문어체 아랍어를 배우게 된다.

반면, 구어체 아랍어는 일반 민중들이 일상 대화에서 사용하는 회화체로 방언이라 할 수 있으며, 나라마다 다른 경우가 많다. 전술했듯이 아랍어는 이슬람의 확산과 더불어 전달되었고, 이슬람화된 지역에는 원래 사용되던 그들의 언어들이 있었다. 구어체 아랍어는 그들의 언어들이 아랍어에 영향을 받아 변화되면서 일반 민중들이 일상 대화에서 사용하게 된 언어이다.

현재 많은 아랍 국가들에서 글을 쓸 때는 문어체 아랍어로, 일상 대화는 구어체 아랍어로 하는 언어의 양층 현상이 흔하게 나타나고 있다. 특히 이집트를 비롯한 북아프리카에 위치한 국가들의 경우 그 지역에서 사용되는 방언들은 표준 아랍어와 매우 다르므로, 만일 그 지역을 여행할 예정이라면 많이 쓰이는 방언들은 미리 익혀 가는 것이 혼란을 줄일 수 있을 것이다.

필자 역시 과거 한국에서 표준 아랍어를 공부하고 아랍의 신문이나 뉴스를 무리 없이 읽고 듣는다고 자부하였지만, 이집트 첫 여행시 시장에서 상인들의 방언을 접하고 매우 혼란스러웠던 기억이 있다.

아랍어 칼리그라피: '자비로우시고 자애로우신 알라의 이름으로' 의미의 아랍어 문장으로 문양을 만든 것 (©http://www.arabiccalligraphy.com)

3. 아랍 세계 – 중동 · 이슬람 세계와의 차이

아랍연맹기 (©Wikipedia)

일반적으로 아랍 세계와 관련되어 '아랍Arab', '중동Middle East', '이슬람Islam', 이 세 용어가 흔히 사용된다. 그러나 이 세 용어에는 각각 차이점이 있다.

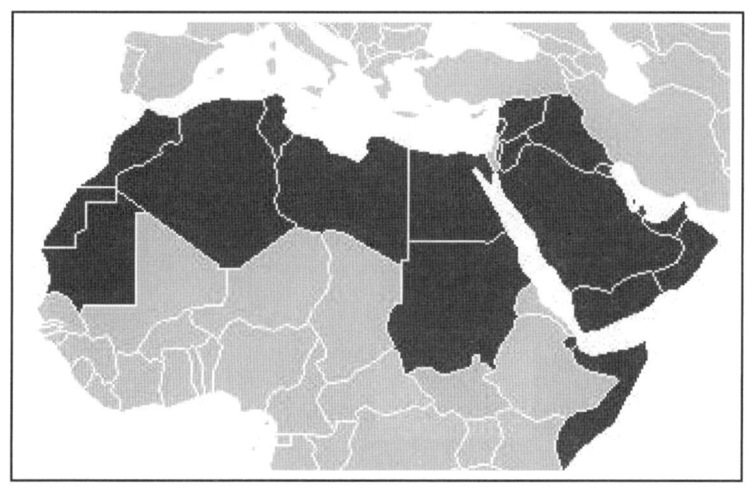

아랍 국가의 분포 (©Wikipedia)

'아랍'은 처음에는 아라비아 반도를 중심으로 아랍어를 사용하는 민족에 국한된 좁은 의미였다. 그러나 현재에는 '아랍 연맹'에 가입되어 있는 22개국을 '아랍 국가'라 칭하며 그 안에서 '아랍어'를 모국어 또는 제1언어로 사용하고 있는 국민들을 '아랍인'이라 칭한다. 따라서 '아랍'은 여러 시대를 거쳐 형성된 정치적 · 사회적 · 문화적 공동체라고 할 수 있다.

'중동'이라는 용어는 19세기 영국에서 처음 사용하였다. 그들은 자신들을 중심으로 지리적 위치에 따라 그리스, 레반트 지금의 시리아 · 레바논 지역을 '근동Near East', 일본이나 한국 등을 '극동Far East'이라 칭하며, 그 사이에 위치해 있는 아라비아 반도, 페르시아 및 터어키 지역 등을 '중동Middle East'이라 지칭하였다. 그러나 현대에 와서 '중동'의 개념은 이집트를 비롯한 아라비아 반도, 터어키, 이란, 파키스탄 등을 포함한 개념으로 인식되고 있다.

따라서 중동 지역의 언어는 아랍어뿐만 아니라 이란의 페르시아어, 이스라엘의 히브리어, 터키의 터키어, 파키스탄의 우르두어 등 다양한 언어권이 존재한다.

한편, '이슬람'은 이슬람교를 국교로, 이슬람 문화를 받아들인 지역을 총체적으로 말한다. 따라서 이슬람 세계에는 22개 아랍 국가 뿐만 아니라, 이란, 터어키, 파키스탄을 비롯하여 중앙아시아 국가들, 동남아시아 국가들이 다수 포함된 약 13억의 인구를 지닌 거대한 세계이다. 이들 국가들은 각기 자신들의 언어와 문화가 존재하나 이슬람 신앙을 바탕으로 이슬람의 명절을 공통적으로 기념하는 하나의 종교 문화 공동체라 할 수 있다.

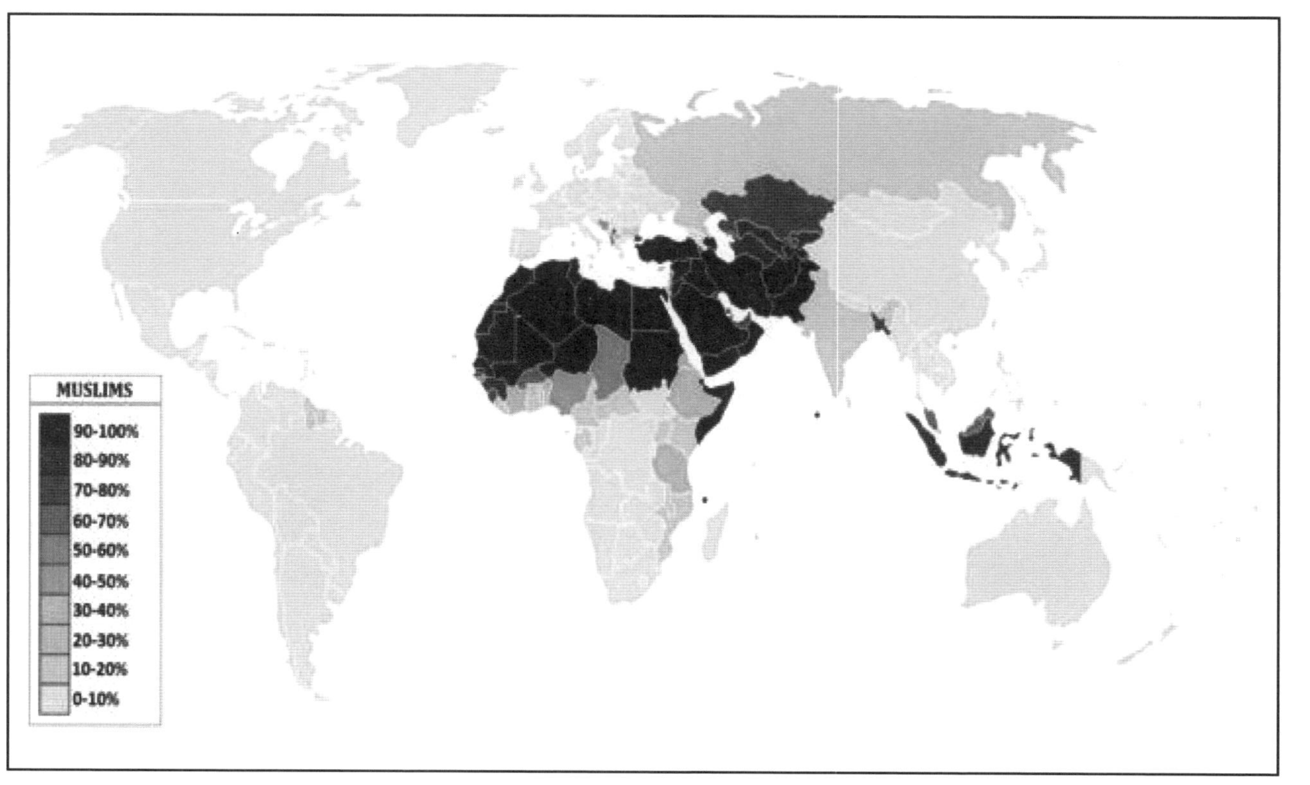

세계 무슬림 분포도 (©wikipedia)

■■■ 참고문헌 ■■■

버나드 루이스, 이희수 옮김, 『중동의 역사』, 까치글방, 1998.

사니아 하마디, 손영호 옮김, 『아랍 아랍인』, 큰산, 1991.

서정민, 『인간의 땅 중동』, 중앙북스, 2009.

전완경, 『아랍의 관습과 매너』,부산외국어대학교, 1999.

정수일, 『문명교류사연구』, 사계절, 2012.

타밈 안사리, 류한원 옮김, 『이슬람의 눈으로 본 세계사』, 뿌리와 이파리, 2011.

P.J. 스튜어트, 김백리 옮김, 『펼쳐보는 이슬람』, 풀빛,2004.

II. 이슬람에 대한 이해

1. 이슬람의 의미

'이슬람Islam'이란 단어는 '평화'를 의미하는 '쌀람Salam'에서 파생되었으며, '순종', '화해'의 의미를 담고 있다. 여기에서 '순종'이란 유일신 '알라Allah'에 대해 절대적으로 순종함을 의미하며, 그것을 통해 진정한 평화에 도달할 수 있다는 의미를 내포하고 있다. 또한 이슬람교를 믿는 신자를 '무슬림Muslim'이라 하며 이는 '(신에게) 복종하는 자'라는 의미를 지닌다.

이슬람은 유일신 사상으로 어떠한 인간도 신의 경지에 이르는 것을 부정한다. 그가 신의 말씀을 전한 신의 사도라 할 지 라도 마찬가지다. 따라서 이슬람교를 창시한 무함마드도 신의 사도이며 예언자들 중 한 사람으로 간주된다. 이러한 점이 기독교와 이슬람교의 큰 차이 중 하나가 된다. 기독교에서는 예수를 신의 아들로 신의 경지에 놓았으나, 이슬람교에서는 예수는 신의 말씀을 전한 사도이며 예언자인 사람으로 인정하며, 따라서 예수를 신의 경지에 놓는 것을 부정한다. 이슬람은 신의 말씀을 따르는 것이지 그것을 전한 사도나 예언자를 따르는 것이 아님을 명확히 한다. 따라서 이슬람교를 '마호메트교'라 칭하는 것은 잘못된 것이다.

또한 이슬람교가 한국에 전해진 것은 중국의 소수민족 중의 하나인 '회족回族'이 믿는 종교라 하여 '회교回敎'로 전해졌다. 이 또한 올바른 명칭이 아니므로, '이슬람교'라 지칭함이 옳다.

전 세계에서 이슬람교를 국교로 하거나 또는 국민들 대다수가 이슬람교 신자인 나라는 약 49개에 달하며 무슬림의 수는 약 13억에 달한다. 이슬람은 역사를 통해 이들 국가에서 단지 종교의 역할을 넘어 그들의 정치 · 경제 · 사회 · 문화 · 예술 등 전 분야에 걸쳐 폭넓게 영향을 미쳐 왔다. 따라서 이슬람은 신앙의 차원을 넘어 '문명'을 이루었으며, 현재에도 국가를 운영하는 '기본 체제'의 역할을 하고 있다.

2. 이슬람의 태동과 확대

이슬람 이전의 메카

이슬람이 시작 되기 전 메카에는 아브라함이 지은 신전 '카으바'가 있었으며, 아브라함의 아내 하갈이 어린 아들 이삭에게 주려고 찾았던 '잠잠'샘물도 있어 성스러운 장소로 유명하였다.

이 당시 사우디 아라비아 지역은 다신교 사회였고, 각 부족마다 그들이 모시는 '신'이 있었다. 그곳은 교역의 중심지인 동시에 각 부족들은 그들의 신들을 '카으바 신전'에 모셔 놓고 숭배를 하였다. 그리하여 메카는 부족들의 성지 순례 장소인 동시에 교역의 중심지 역할을 하며 순례객들과 상인들을 위한 숙박업이나 상업 등으로 호황을 누렸다.

예언자 무함마드

무함마드는 570년 4월 22일 메카에서 태어났다. 그의 가문은 메카의 주요 부족 가운데 하나인 꾸라이쉬 가문이었다. 무함마드의 할아버지 압드 알 무탈립은 메카의 카으바 인근에서 오랫동안 잊혀졌던 성스러운 '잠잠' 샘물을 찾아냈다. 이후 그는 이 성스러운 샘물을 지키며 그곳을 찾는 순례자들에게 식사와 물을 제공하는 일을 하였다.

압드 알 무탈립은 10명의 아들과 6명의 딸을 두었는데, 그 중 무함마드의 아버지 압드 알라가 있었다. 압드 알라는 아내 아미나가 첫째 아이인 무함마드의 출산을 앞두고 있을 때 무역을 하러 시리아에 갔다가 돌아오는 길에 사망하여 무함마드는 유복자가 되었다. 게다가 무함마드의 어머니인 아미나 역시 무함마드가 여섯 살 때 사망하여 무함마드는 삼촌인 아부 탈립의 집에서 성장하게 되었다.

무함마드의 삼촌 아부 탈립은 무역업을 하였으나 사업이 어려워져 무함마드는 생계를 위해 양치기를 하며 어린 시절을 보낸 것으로 알려졌다. 무함마드는 성장하여 돈 많은 상인들의 장사를 도와주며 생활하였는데, 정직하고 성실한 인품으로 '알 아민신뢰받을 만한 사람'이라는 별명을 얻었다.

그 마을에는 카디자라는 무역업을 하는 미망인이 있었다. 그녀는 무함마드의 성실함을 눈여겨 보았다가 그에게 시리아로 가는 대상隊商을 이끄는 책임을 맡겼다. 무함마드는 그 일을 성실히 수행했고, 마침내 무함마드의 나이 25세에 40세의 미망인 카디자와 결혼을 하게 되었다.

무함마드는 카디자가 사망할 때까지 25년을 함께 살면서 2남4녀를 낳았으나, 딸 파티마를 제외하고 모두 어렸을 때 잃었다. 유일한 혈육인 파티마는 후일 무함마드의 사촌이자 제4대 정통 칼리파 아랍어로 '계승자'를 의미가 된 알리와 결혼하였다.

평온한 삶을 살던 무함마드는 나이 40세가 되던 해인 610년 라마단 달에 인생의 의미를 고민하고 찾고자 인근 '히라산'에 있는 동굴에서 초승달이 뜬 밤에 조용히 명상을 하고 있었다. 그런데 그 때 갑자기 무함마드의 귀에 '읽으라!' 아랍어로 '이끄라' 라고 명령하는 소리가 들렸다. 놀란 무함마드는 '나는 읽지 못합니다' 아랍어로 '마 아끄라' 라고 말했다. 당시 무함마드는 글자를 배우지 못해 쓰고 읽을 줄 모르는 문맹이었던 것이다.

그에게 명령을 전한 자는 신의 명령을 전하는 '가브리엘 천사' 였다. 가브리엘 천사의 명령이 세 차례 계속되고 무함마드 역시 똑 같은 대답을 하자 천사는 다음과 같이 말했다. 꾸란 96장의 제1절에서 5절까지 가브리엘 천사로부터 계시된 최초의 말씀이 다음과 같이 기록되어 있다.

만물을 창조하신 너의 주님의 이름으로 읽으라

그 분은 한 방울의 피로 인간을 창조하셨노라

읽으라 주님은 가장 은혜로운 분으로

펜으로 쓰는 것을 가르쳐 주셨으며

인간이 알지 못하는 것을 가르쳐 주셨노라

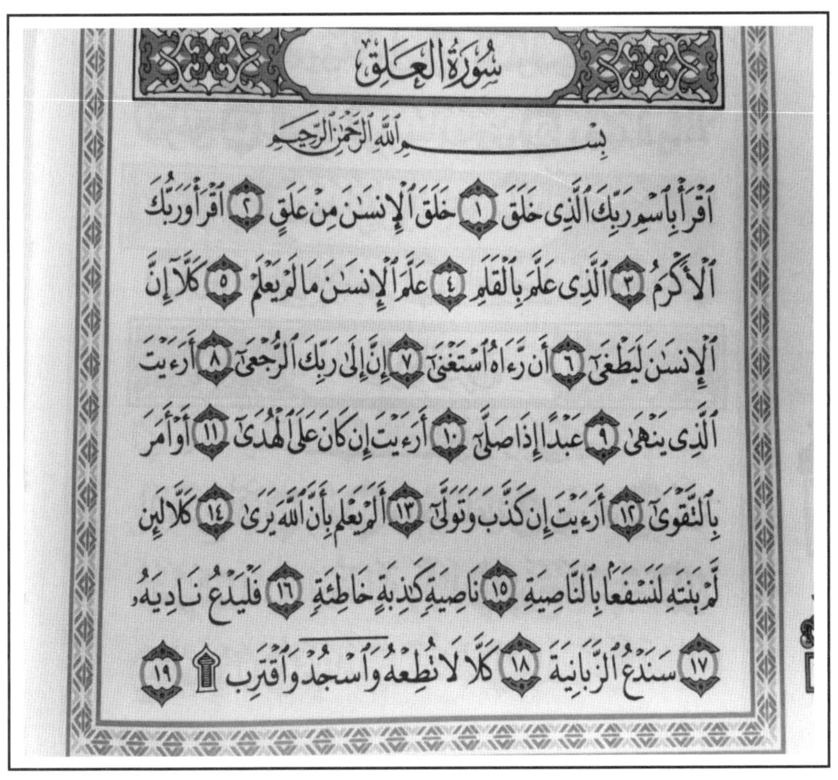

سورة العلق

بسم الله الرحمن الرحيم

اقرأ باسم ربك الذي خلق ١ خلق الإنسن من علق ٢ اقرأ وربك

الأكرم ٣ الذي علم بالقلم ٤ علم الإنسن ما لم يعلم ٥ كلا إن

الإنسن ليطغى ٦ أن رءاه استغنى ٧ إن إلى ربك الرجعى ٨ أرءيت

الذي ينهى ٩ عبدا إذا صلى ١٠ أرءيت إن كان على الهدى ١١ أو أمر

بالتقوى ١٢ أرءيت إن كذب وتولى ١٣ ألم يعلم بأن الله يرى ١٤ كلا لئن

لم ينته لنسفعا بالناصية ١٥ ناصية كذبة خاطئة ١٦ فليدع ناديه

سندع الزبانية ١٧ كلا لا تطعه واسجد واقترب ۩ ١٩ ١٨

무함마드에게 내려진 첫 계시가 쓰여진 꾸란 96장 (ⓒ구미란)

갑작스런 계시에 놀라고 두려웠던 무함마드는 집에 돌아와 아내 카디자에게 동굴에서 있었던 일들을 알렸다. 그러자 카디자는 무함마드에게 내려진 것이 신의 계시임을 믿고 그를 격려해 주었다. 그리하여 무함마드는 공포에서 벗어나 신의 말씀을 전파하기 시작했다. 처음에는 그의 가족들이 그를 믿고 이슬람을 받아들였으며 점차적으로 가족 이외에 일반 신자들이 늘어나기 시작했다.

천사 가브리엘의 계시를 받는 무함마드(14세기그림) (©wikipedia)

무함마드의 유일신 사상은 당시 다신교 사회였던 메카의 상황에서 크게 환영 받지 못하였으며, 신자들이 늘어날수록 메카의 지도층에 위협적인 세력으로 인식되었다. 그 당시 메카는 대상 무역과 다신교의 성지 순례 관련 관광업이 경제 활동의 주를 이루었다. 지도층 부족들은 이와 관련된 사업을 하며 부를 축적하고 있는 상황에서 유일신의 말씀을 전하며 절제와 청렴을 강조하는 무함마드와 그의 말씀을 믿고 따르는 추종자들은 메카의 사회질서를 어지럽히는 위협적인 반대 세력으로 간주되어 제거의 대상이 되었다.

따라서 무함마드와 그의 추종자들에게 위협적인 폭력 등 여러 종류의 압박이 가해졌고, 결국 일부 추종자들은 에디오피아로 피신을 하는 상황에 이르렀다. 무함마드도 이러한 위협적인 상황을 계속 견디기가 어렵다고 판단하여 서기 622년 메카에서 약 450킬로미터 떨어진 야스리브 지금의 메디나의 대표와 협상을 하여 그의 추종자들을 차례로 이전시키고 마침내 그도 그곳으로 본거지를 옮기게 되었다.

무함마드가 그의 추종자들과 함께 메디나로 이동한 이 사실을 이슬람사에서는 '히즈라' 아랍어로 '이주'를 의미 라 칭하며 이후 이슬람력의 원년으로 선포된다. 그리하여 이슬람력을 '히즈라력'이라 부른다. 서기 622년 7월 16일이 히즈라력 기원 원년 초하루가 된다.

메디나로 이주 후 무함마드는 포교 활동을 지속하며 세력를 확장하여 첫 신정국가神政國家체제인 '움마'이슬람 공동체를 건설했다. 그는 주변의 여러 부족과 유목민들에게 이슬람을 전파하며 아라비아 반도를 이슬람화하기 시작하였다. 그는 수 차례의 큰 전투를 거쳐 반대파들을 제압하고 마침내 630년 메카에 무혈입성無血入城 했다. 메카로 돌아온 그는 카으바 신전에 모셔놓은 각 부족들의 신들을 없애버리고 우상 숭배를 금하였으며 카으바 신전을 유일신 하나님의 신전으로 만들었다.

무함마드는 632년 메카 순례를 하며 아라파트산에서 그와 함께한 신자들 앞에서 마지막 고별연설을 하였다. 그는 연설에서 모든 인류는 아담과 이브에서 나왔으며 아랍인과 비아랍인 모두가 평등하며 백인이나 흑인 인종간의 차별도 있을 수 없다고 말했다. 그리고 연설이 끝난 후 신의 계시를 받아 그가 전파한 이 새로운 종교의 이름을 '이슬람'이라 칭하며 이른바 '이슬람교'의 출현을 공식적으로 알렸다. 그리고 그 해 6월 8일 62세로 영면했다.

무함마드는 신의 계시를 받은 이후에도 매우 근면하고 소박했으며, 남다른 관용성이 있었다고 전해진다. 또한 그 스스로 자신이 인간 이상의 존재라고 주장하지도 않았다. 그 역시 신의 말씀을 따르는 신자이며, 신의 말씀을 백성들에게 전하고 백성들을 이끄는 지도자일 뿐, 그 어떤 초자연적인 힘이 있음을 주장하지 않았다. 그는 자신을 신격화하는 것을 금지하였으며, 초상화 조차도 남기지 않아 후세의 화가들은 그의 초상화를 구전에 의거하여 그리기도 하였다. 또한 무함마드는 자신이 신의 마지막 사도이며 이후에 인류에게 신의 말씀이 계시되는 것은 없을 것이라고 했다.

우후드 전투에 참가한 사도 무함마드와 무슬림 군대 (©Wikimedia Commons)

이슬람의 성서 꾸란 Quran

'꾸란'은 이슬람의 성서聖書로써 A.D. 610년부터 사도 무함마드가 세상을 떠난 632년 까지 그에게 계시된 신의 말씀을 기록한 것이다.

무함마드 시대에는 무함마드를 통해 계시된 내용들을 독실한 신도들이 암송하거나 양피지나 돌 등에 새겨 기록으로 남겨두었다. 그러나 무함마드 사후 흩어져 있는 신의 계시를 정리하고 모아 후세에 전해야 할 필요성이 대두되어 2대 칼리파인 오마르 시대 때부터 계시된 내용들을 모아 정리하기 시작하였고, 3대 칼리파인 오스만 시대에 하나의 책으로 묶어 출판하게 되었다. 이 성서가 '꾸란'이며, 아랍어의 '읽기끼라아'에서 파생된 단어이다. 이는 가브리엘 천사가 사도 무함마드에게 처음으로 계시를 내릴 때 했던 '읽어라!' 아랍어로 '이끄라'에서 유래한 것으로 알려진다.

꾸란 내용의 편집 순서는 계시된 시기가 아닌 제1장인 개경장을 제외하고 제일 긴 장부터 길이 순으로 편집되어 총 114장으로 구성되어 있다.

꾸란은 오스만 시대 이후 약 1400년이 지난 지금까지 글자 하나 변하지 않고 내려오고 있다. 그 이유는 이슬람에서 인정하는 성서는 계시될 당시의 언어로 씌여진 것이기 때문이다. 꾸란은 무함마드에게 아랍어로 내려졌기 때문에 그 당시 아랍어로 기록된 내용만이 신의 말씀으로 간주된다. 그러므로 다른 언어로 번역된 꾸란은 성서가 아닌 꾸란 해설서로 간주된다. 이슬람은 이전에 계시된 십계, 구약, 신약 등도 원어로 씌여진 것만을 성서로 인정한다.

또한 꾸란의 문법이 곧 아랍어의 문법이 된다. 꾸란이 처음 출판된 그대로 지금까지 이어져오고 있기 때문에 이에 기초한 표준 아랍어 역시 많은 변화를 겪은 역사 속에서도 변함없이 통일성을 유지하여 왔으며, 현재 아랍 22개국에서 동일한 문법으로 공통적인 교육을 할 수 있는 요인이 되고 있다.

한편, 꾸란은 성서인 동시에 이슬람 사회의 모든 규범의 기본이 되는 법전으로서의 역할도 하고 있다. 꾸란에는 신앙 고백, 예배, 단식 등 무슬림들이 지켜야 할 의무 외에도 결혼·이혼과 같은 가정 문제를 비롯하여 사회·경제 등 이슬람 사회의 각 분야에 대한 규범들이 총 망라되어 있다.

이슬람 초기 바위에 새겨진 꾸란 (리야드 국립박물관 ©구미란)

이슬람 초기 바위에 새겨진 꾸란 (리야드 국립박물관 ©구미란)

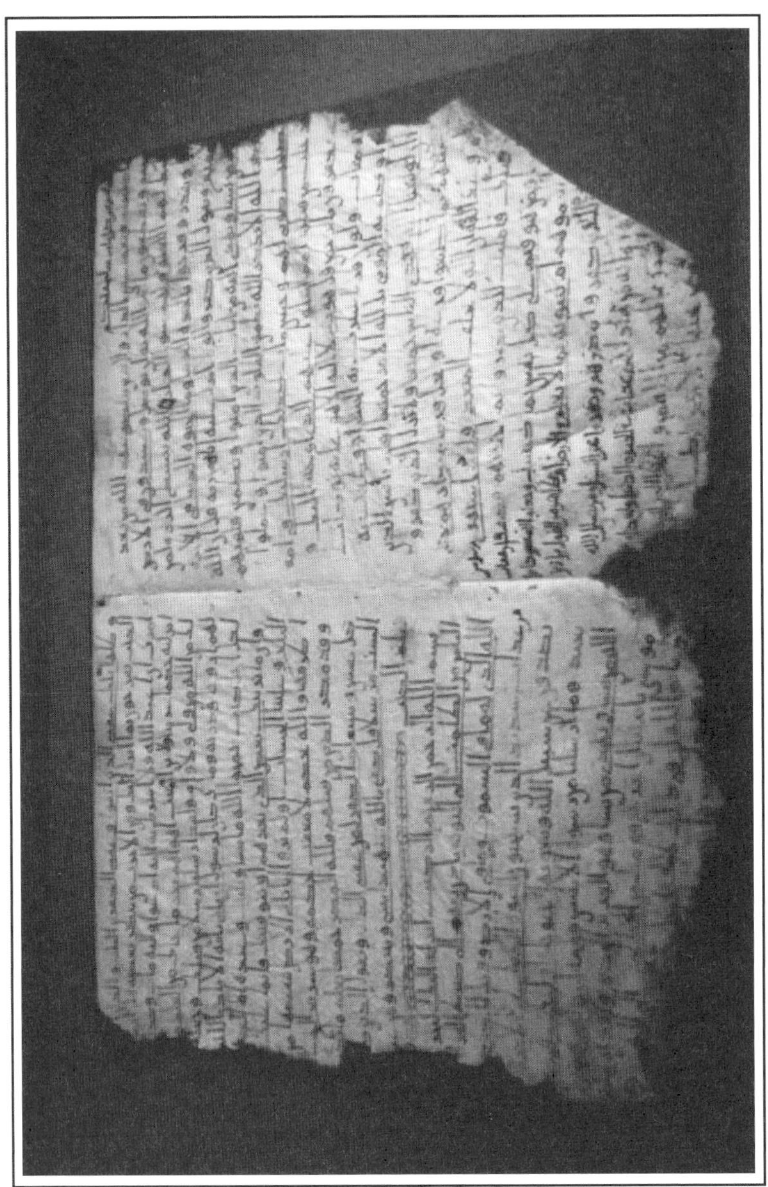

8세기 꾸란 (도하 이슬람 박물관 ©구미란)

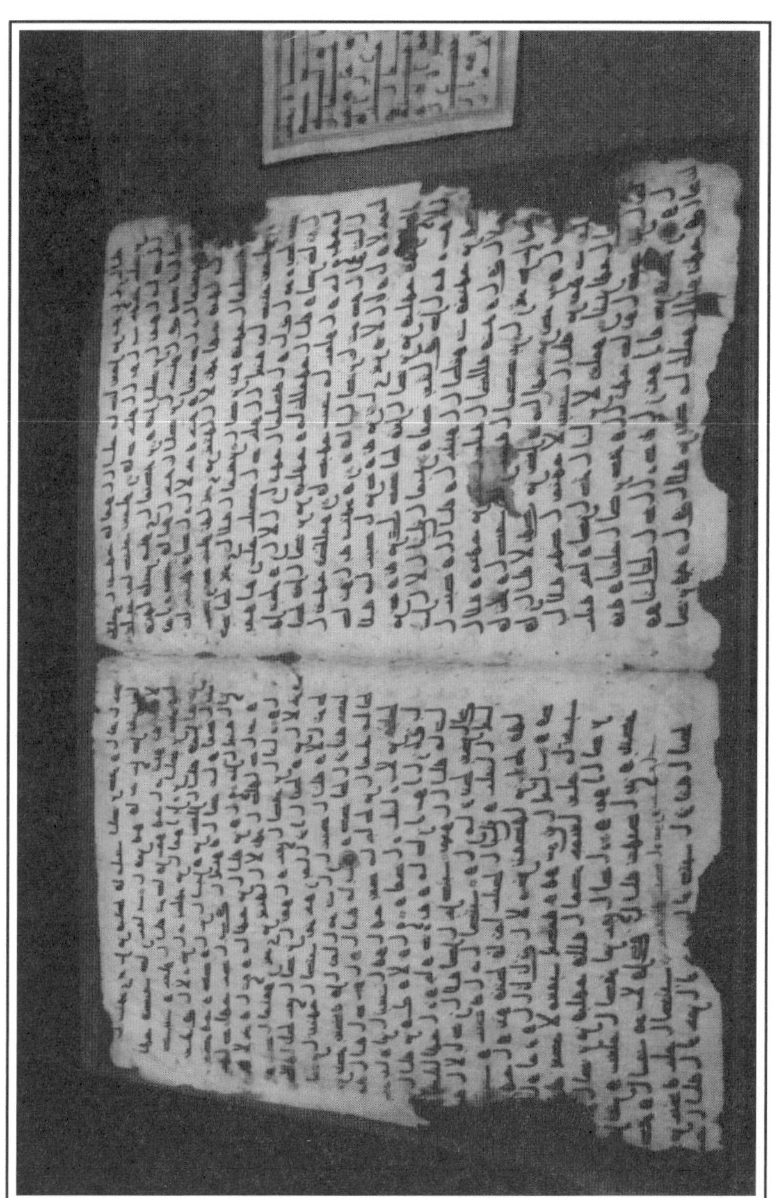

7세기 꾸란 (도하 이슬람 박물관 ©구미란)

14세기 꾸란 (도하 이슬람 박물관 ©구미란)

이슬람 공동체 움마 Umma

사도 무함마드가 메카에서의 박해를 피해 622년 메디나로 이주히즈라 한 이후 그는 그곳에서 신의 말씀을 실천하며 사는 정교일치政敎一致사회인 이슬람 공동체 '움마'를 실현하였다. 움마에서 절대권은 오직 신에게만 있으며, 예언자는 신의 율법을 부여받아 실천하며 신의 목적을 국민들에게 전달하는 사도로서 역할을 하는 것이다.

630년 그가 메카로 돌아온 이후 본격적인 정복 사업을 통해 움마는 확대되었으며, 632년 무함마드의 사후 그의 뒤를 이은 정통 칼리파 시대(A.D. 632-661)에 대대적인 정복 사업을 전개하여 아라비아반도를 넘어 동으로는 페르시아, 서로는 북아프리카와 스페인 남부에 이르는 거대한 이슬람 제국을 건설하며 거대한 움마를 형성하였다.

정복 사업을 통해 광대한 영토를 이슬람화 하는 과정에서 이슬람의 지도자들은 정복지 국민들에게 이슬람으로의 개종을 강요하지 않았다. 스스로 이슬람교에 입교하여 무슬림이 된 국민들은 움마의 일원으로서 평등한 대우를 받게 되고, 이슬람을 받아들이지 않는 국민들에게는 그들의 종교를 인정하는 반면 세금을 받아 무슬림들과의 구별을 두었을 뿐 함께 공존하는 방법을 택했다.

움마 내에서 모든 무슬림들은 국적과 인종에 관계 없이 서로를 형제 · 자매로 칭한다. 평등 사상은 이슬람의 기본 사상으로 전 세계 무슬림들을 결속하는 큰 힘이 된다.

무슬림들은 모스크이슬람 사원에서 예배를 볼 때 지위고하를 막론하고 일렬로 서서 예배를 본다. 가난한 자든 부자이든 모스크 내에서 서로의 어깨를 나란히 하며 메카를 향해 예배를 드리는 것은 신 앞에서는 모든 인간이 평등하다는 진리를 보여주는 것이다.

3. 이슬람의 확대

4대 정통 칼리파 시대(A.D. 632-661)

'칼리파'란 아랍어로 '계승자'를 의미하는 단어로써, 사도 무함마드의 뒤를 이어 이슬람 공동체 '움마'를 이끌어나갈 지도자를 칭하는 명칭이다. 사도 무함마드의 사후에 임명되어 그의 뜻을 받들어 움마를 이끌어갔던 4명의 칼리파들- 아부 바크르, 우마르, 우쓰만, 알리-을 이후 세워진 다른 왕조의 칼리파들과 구분하여 '정통 칼리파'라 칭한다.

632년 무함마드가 사망하자 이슬람 공동체 움마는 무함마드의 뒤를 이을 지도자를 선출해야 하는 문제에 봉착했다. 움마의 지도자들은 회의를 통해 신앙심이 깊고 자비로운 성품을 지녔으며 무함마드의 아내 아이샤의 아버지, 즉 무함마드의 장인인 아부 바크르를 만장일치로 추대하고 그를 초대 '칼리파로' 아랍어로 '계승자'로 임명하였다.

아부 바크르는 이슬람 이전에는 메카의 부유한 상인이었으나 이슬람에 귀의 한 후 그의 모든 재산을 움마를 위해 쓰며 검소한 생활을 하였다.

아부 바크르가 칼리파로 추대되었을 때 그의 나이 60세였다. 그는 공정하고 정의롭게 움마를 이끌었으나 그 시기는 오래가지 못했다. 칼리파에 오른 지 2년 만에 그는 병석에 눕게 되었고, 회복될 수 없음을 느낀 그는 자신의 후계자로 우마르를 지명하였다.

아부 바크르의 뒤를 이어 제2대 칼리파로 등극한 우마르는 매우 강한 정의감과 공격적인 성향으로 움마를 확대하는데 힘썼다. 그는 10년 동안의 재임 기간 동안 정복 사업에 온 힘을 기울였으며 이슬람을 통치 수단으로 정립하고, 무함마드가 추종자들을 이끌로 메카에서 메디나로 이주했던 622년을 이슬람력인 '히즈라'력의 원년으로 정하여 새로운 달력을 공표하는 등 이슬람 문명을 확립하는데 기초를 닦았다. 현재에도 이슬람의 축제나 명절은 이 이슬람력인 '히즈라' 력에 따라 지내고 있다.

우마르는 공격적으로 전투를 확대하여 동東으로는 비잔틴과 페르시아의 영토를 서西로는 이집트를 정복하여 북아프리카까지 진출하여 거대한 움마를 형성하게 된다.

그러나 644년 11월 우마르는 페르시아인 노예인 한 자객에 의해 모스크에서 피격되었다. 우마르의 피격 소식에 움마의 지도자들이 모여 우마르의 임종을 지켰다. 그들은 우마르에게 뒤를 이을 칼리파를 지명해 달라고 청했다. 그런데 우마르는 자신이 직접 지명하는 대신 자문단인 '슈라'를 구성해 그들이 의논하여 칼리파를 추대하고 움마의 동의를 얻게 했다. 이렇게 시작된 '슈라'는 움마의 정치적 자문 위원회로 이슬람 사회의 민주적 운영에 크게 기여하였다. 현재에도 많은 이슬람 국가들에서 국가 자문기구로 '슈라 위원회'를 두고 있다.

죽음을 앞둔 우마르의 요청으로 구성된 당시의 슈라는 우스만을 새로운 칼리파로 추대했고 움마의 동의를 얻었다. 이에 우쓰만이 제3대 칼리파에 올랐다.

우쓰만은 메카의 매우 부유한 집안의 아들이었다. 그는 집안의 많은 재산을 물려 받았으나 이슬람으로 개종하기 이전에도 방탕한 생활과는 거리가 먼 성품이 좋은 사람이었다. 무함마드가 메카에서 포교를 시작한 지 얼마 안 되어 우쓰만은 그를 믿고 이슬람으로 개종하여 그의 포교를 물심양면으로 도왔다.

우쓰만은 12년에 걸친 칼리파 재임 기간 동안 정복 사업을 펼쳐 동쪽으로는 사산 왕조를 정복하여 페르시아를 병합하였다. 정복 사업과 더불어 우쓰만이 열정을 받친 사업은 바로 '꾸란' 편찬 사업이었다. 우쓰만은 독실한 이슬람 학자들을 모아 우마르 시대부터 지속적으로 모아놓은 필사본들을 확인하고 중복되거나 모순되는 부분들을 정리하여 첫 장을 제외하고 모든 장을 길이 순으로 배열, 총 114장으로 구성하여 한 권의 책으로 묶었다. 이 때부터 편찬되는 꾸란은 글씨 하나 점 하나까지 동일하게 만들어졌다. 이렇게 만들어진 꾸란이 지금까지 변함 없이 내려져 오고 있으며, 이는 이슬람 제국의 변화에 관계 없이 이슬람 사상을 지켜온 구심점 역할을 해왔다. 그러나 우쓰만은 656년 반대파에 의해 살해되었다.

그의 뒤를 이어 사도 무함마드의 사촌이자 사위, 즉 파티마의 남편인 알리가 제4대 칼리파에 올랐다. 사실 알리는 무함마드 사후부터 지속적으로 칼리파직에 후보로 올랐던 사람이다. 그 이유는 알리가 무함마드의 혈통이며, 또한 유일한 혈육인 딸 파티마의 남편으로 사도 무함마드와 가장 가까운 혈육 관계를 맺고 있었기 때문이었다. 그러나 무함마드의 사망 당시 알리의 나이가 칼리파 직을 수행하기에는 너무 젊어 제외됐던 것이다. 그 후 알리를 칼리파에 추대해야 한다는 목소리는 지속되었다. 이 때부터 알리를 믿고 따르는 자들의 무리가 생겨났고 그들을 '쉬아 알리' 아랍어로 '알리의 추종자'들라 불렀다. 이들이 바로 현재 이슬람의 양대 분파 중 하나인 '쉬아'의 근원이 되었다.

656년 마침내 알리는 제4대 칼리파에 등극하게 되었다. 그러나 알리는 등극 이후부터 살해된 이전의 칼리파 우쓰만과 가까운 관계를 맺고 있던 우마위야 가문과 대립 관계가 되었다. 당시 우마위야 가문은 시리아의 다마스커스를 본거지로 세력을 잡고 있던 가문이었다. 알리는 큰 세력을 지니고 있던 우마위야 가문과 대립 관계를 청산하고자 그들과 협상을 하기 시작했다. 이러한 알리의 행동은 그를 믿고 따르던 추종자들에게 배신감을 안겨 주었고, 일부 추종자들이 그를 떠나게 만든 요인이 되었다. 이 때 알리를 떠난 자들을 '카와리지' 아랍어로 '떠난자들'파派라 부르게 되었다.

알리는 무슬림들이 인정하는 가장 정통성을 지닌 칼리파였다. 그는 가장 먼저 이슬람을 받아들인 신자들 중 하나였으며, 사도 무함마드를 보필하며 이슬람을 확산시키는데 가장 큰 공을 세운 인물에 속했다. 그러나 그가 칼리파직에 있었던 기간은 약 5년 정도였다. 661년 알리는 그를 증오하며 떠난 카와리지파의 한 자객에 의해 살해되었다.

알리가 죽은 후 다마스커스의 우마위야 가문의 수장首長 무아위야는 정권을 잡고, 제국의 수도를 다마스커스로 옮기고 새로운 이슬람 제국 시대의 탄생을 알렸다. 이렇게 하여 정통 칼리파 시대는 막을 내리게 되었다.

4명의 정통 칼리파들은 무함마드의 정신을 계승하여 움마를 확장하고 이슬람을 기반으로 하는 신정정치를 확립하였다. 그들의 강력한 신앙과 열정은 이슬람 제국의 단단한 기틀을 마련하여 제국이 동서로 뻗어나갈 수 있었던 확고한 기반을 다졌다.

충성맹세를 받고 있는 아부 바크르(가운데).
오른쪽은 2대 칼리파가 된 우마르 (16세기 그림 ©Wikimedia Commons)

우마위야 제국(A.D. 661-750)

제4대 칼리파 알리의 사망 후 다마스커스를 근거지로 세력을 잡고 있던 우마위야 가문의 지도자 무아위야는 이슬람 제국의 정권을 장악하고 자신이 새로운 칼리파가 되어 제국의 수도를 메카에서 다마스커스로 옮기고 새로운 이슬람 제국의 시작을 공표하였으니, 이것이 우마위야 제국의 시작이다.

그러나 그 당시 알리의 추종자들은 우마위야 제국의 정통성을 인정하지 않고 알리의 두 아들, 즉 무함마드의 손자인 하싼과 후세인만이 제국의 칼리파로서 자격을 가진다고 주장하며 그들을 지도자로 한 제국의 건설을 꿈꾸고 있었다.

680년 우마위야의 초대 칼리파인 무아위야가 사망한 후 그의 아들 야지드 1세가 즉위하자 알리의 추종자들은 그의 정통성을 인정하지 않고 알리의 둘째 아들 후세인을 칼리파로 추대하고자 비밀리에 추진 하였으나 이러한 사실을 알게된 야지드 1세는 후세인과 그의 추종자들을 찾아내어 몰살시켰다. 이는 이슬람사에서 최대의 비극으로 간주되며, 상세한 내용은 후술하겠다.

우마위야 제국은 90년 역사 동안 영토를 확장하여 동쪽으로는 페르시아를 넘어 중앙아시아까지 또 서쪽으로는 북아프리카의 모로코를 넘어 유럽의 스페인 남부에까지 이르는 광활한 영토를 정복하여 거대한 이슬람 제국을 형성하였다.

그들은 꾸란의 언어인 아랍어를 공식 언어로 지정하여 페르시아어 그리스어 등 각기 다른 언어권에 있던 모든 정복지의 국민들이 아랍어를 배우고 익히게 하였다. 또한 이슬람으로 개종한 정복지의 국민들은 이전의 국적에 관계 없이 모두 무슬림으로서 움마의 평등한 국민으로서의 권리를 누리게 하였다.

우마위야 제국의 제6대 칼리파인 알 왈리드는 705년 즉위한 이후 역사에 길이 남을 새로운 모스크를 건립하기로 하고, 다마스커스에 있던 역사적인 장소를 모스크로 재건축하였다. 그것이 바로 우마위야 대모스크이다. 그곳은 무아위야가 처음 다마스커스를 정복했을 때 비잔틴 교회가 있었던 장소이다. 또한 이곳은 기독교의 성인 세례 요한의 머리가 묻힌 곳이기도 하다. 칼리파 왈리드는 이곳을 사들여 새로이 이슬람 모스크로 재탄생 시켰다. 그러나 그는 이곳에 있는 기독교의 흔적들을 없애는 대신 기독교와 이슬람의 역사가 공존하는 조화로운 성소聖所로 만들었다. 우마위야 대모스크는 이슬람의 4대 모스크 중 하나로 간주된다. 현재에도 사원 내에는 세례 요한의 무덤이 있어 무슬림 뿐만 아니라 기독교 순례객들의 발길이 끊이질 않는다.

우마위야 제국은 시간이 흐르면서 아랍인과 비아랍인들을 움마의 무슬림으로 평등하게 대한다는 초심을 잃어갔다. 그리하여 정복지 국민들의 불만이 증가하였으며, 특히 페르시아 지역의 무슬림들의 불만이 커져갔다. 또한 지도층의 부정과 부패가 심해져갔다. 이와 같은 사회적 분열 속에서, 747년 페르시아 출신인 아부 무슬림이 반기를 들고 군사 혁명을 일으켜 전쟁에 승리하였고, 사도 무함마드의 삼촌인 알 압바스 가문을 새로운 제국의 통치자로 내세웠다. 그리하여 750년 우마위야 제국은 역사에서 막을 내리게 되었다.

다마스커스의 우마위야 모스크 (© Wikimedia Commons)

우마이야 사원 내부에 있는 세례 요한의 무덤 (©Wikimedia Commons)

알레포의 우마이야 모스크 (©구미란)

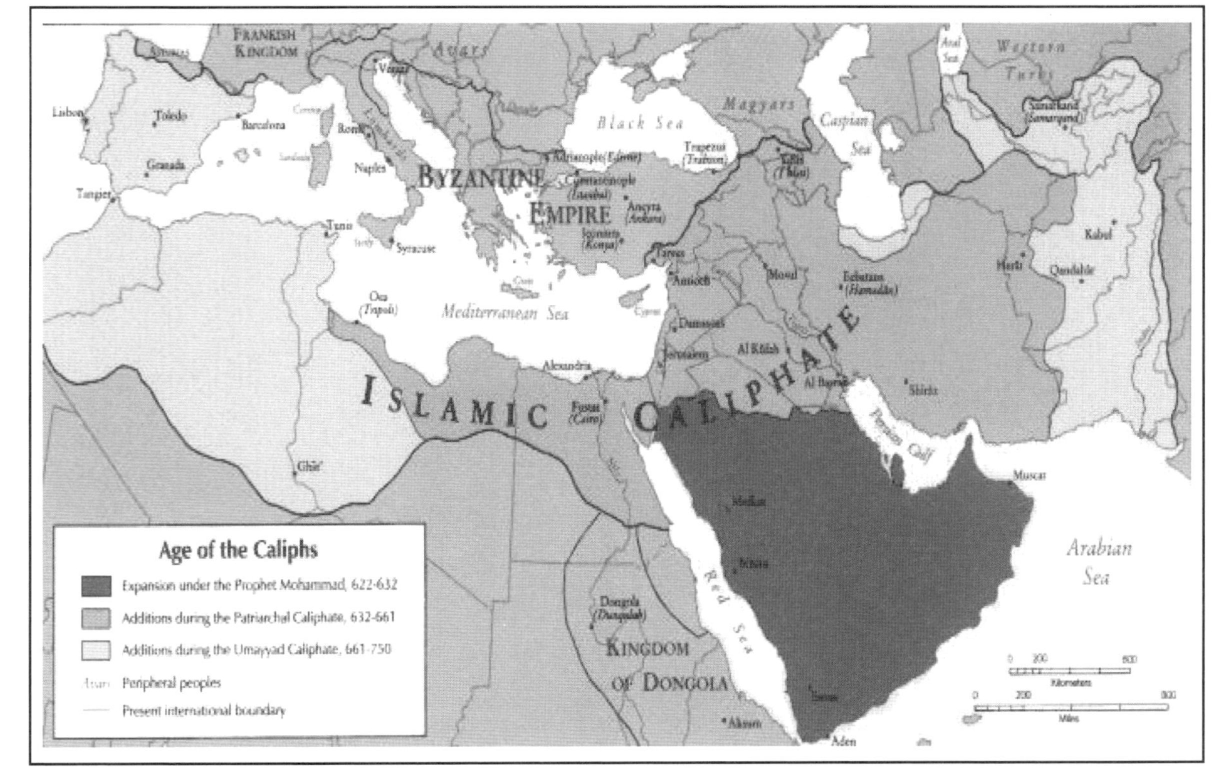

이슬람 제국의 확산 과정 (©Wikipedia)

압바스 제국 (A.D. 750-1258)

무함마드의 삼촌 알 압바스(750-754재위)는 새로운 이슬람 제국의 칼리파로 추대되었고, 이슬람사에서 최고의 황금시대로 기록된 압바스 제국이 그 서막을 열었다. 그는 우선 우마위야 가문의 왕자들을 처단하고 제국의 본거지를 다마스커스에서 이라크로 옮겼다. 그리고 알 압바스의 뒤를 이은 동생 만수르(754-776재위)는 수도를 바그다드로 정하고 그곳을 '다르 알 쌀람'평화의 집으로 명명하였다.

압바스 제국의 개국에 큰 공을 세운 세력은 페르시아 인들이었다. 아부 무슬림을 비롯한 페르시아 무슬림들이 우마위야 제국의 불평등을 개혁하고자 알 압바스를 내세워 혁명을 일으킨 것이었다. 따라서 압바스 제국의 건국 후에는 페르시아인들의 영향력이 커질 수 밖에 없었다. 제국의 주요 요직들을 페르시아인들이 차지하였고, 바그다드의 궁전을 비롯한 많은 건축물들이 페르시아의 전통 형식을 따라 건설되었다. 이렇게 점차 페르시아의 영향력이 커짐에 위협을 느낀 칼리파 만수르는 개국에 큰 공을 세운 아부 무슬림과 그의 세력들을 처형하였다.

그러나 압바스 제국은 많은 분야에서 페르시아의 영향을 받았고, 행정의 전 분야에는 페르시아 무슬림들이 진출하여 활동을 펼쳤다. 그리하여 이 당시 페르시아인 등을 비롯한 비아랍계 무슬림들에 의해 그들이 아랍계 무슬림들과 평등하다고 주장하는 '슈우비야 운동민족 운동' 이 일어나게 되었다. 이러한 환경에서 '아랍인'의 개념이 종래의 아라비아 반도에 거주하던 아랍족이라는 개념에서 벗어나, 비아랍족이라도 무슬림으로서 아랍어를 구사하사는 자가 아랍인으로 간주되는 광범위한 개념으로 변화하게 되었다.

이렇게 압바스 제국 내에서는 여러 민족이 섞이면서 새로운 사회적 환경이 조성되었다. 압바스 제국 내에서는 무슬림들 외에도 이슬람을 거부하고 자신들의 종교를 지키던 조로아스터교, 기독교 등 타종교의 신자들도 세금을 내며 정당한 거주의 권리를 보장받아 평화롭게 공존하였다.

제7대 칼리파인 알 마문은 바그다드에 '지혜의 집'아랍어로 '다르 알 히크마'을 건립하고 철학・과학・수학・천문학 등 모든 학문을 후원하였다. 또한 비잔틴으로부터 그리스・로마의 철학・과학・수학, 그리고 사산 왕조의 유산 등 각 분야의 책들을 가져와 모두 아랍어로 번역하였다. 이곳에서 학문을 연구한 학자들 중 세계사에 기록될 인물이 등장하는데 그가 바로 대수학의 아버지 무함마드 이븐 무사 알 콰리즈미(A.D. 800-847)이다. 그는 이슬람으로 개종한 페르시아인으로 인도에서 도입된 아라비아 숫자로 사칙연산을 만들고 최초로 0의 개념을 만든 수학자이다. 현대의 '알고리즘'이란 용어는 그의 이름에서 만들어진 것이다.

또한 이 시기에 종이의 대량 생산 방법이 개발되어 각 분야의 지식서들을 필사본으로 만들어 유통시킴으로써 학문의 발달에 기여하였다.

압바스 제국은 유럽과 동아시아 사이에 위치한 지리적 장점으로 인해 무역도 활발하게 이루어져 중국과 인도, 그리고 유럽 등에서 각종 토산품들이 거래되면서 풍요로운 생활을 영위할 수 있게 되었다.

그러나 이러한 풍요로운 환경은 지배층들을 사치와 향락에 빠져 들게

했다. 그들은 방탕한 생활을 하게 되고, 관료들은 부정 부패를 일삼아 국고를 낭비하였으며, 일반 서민들은 그들이 휘두르는 권력 앞에 어려운 삶을 영위하게 되었다. 이로 인해 칼리파의 권위는 하락하게 되고 지방 각지에서 서민들의 반란이 지속되어 압바스 제국의 분열을 초래했다.

압바스 제국의 칼리파의 중앙집권력이 약화되자 10세기 중반 제국은 여러 개의 군소국가로 나뉘어지게 되었다. 그 가운데는 바그다드를 중심으로 한 부와이흐조, 이집트를 중심으로 한 파티미아조, 이라크 모술 지역의 함단조, 안달루시아의 우마위야조 등이 있다.

10-11세기는 압바스 제국은 정치적으로는 혼란의 시간이었으나 문화적으로는 가장 발전을 이룩한 시기였다. 이븐 알 하이삼(A.D. 965-1040)은 대기층의 두께를 측정하고 그것이 천문 연구에 미치는 영향을 연구했다. 또한 의학의 역사에서 가장 위대한 의학자로 손꼽히는 이븐 시나(A.D. 980-1037)는 위대한 저서 '의학 정전al-Qanun fil-tibb'을 집필하였다. 이 책은 12세기 무렵 라틴어로 번역되어 최소한 6세기 동안 유럽의 의학 교육에 핵심적인 역할을 했다. 중세 유럽은 신앙의 힘에 의지하여 병을 고치려고 하는 주술적인 행위가 이루어지고 있었으나 이븐 시나는 '의학 정전'에서 약의 효능과 치료방법을 과학적으로 제시하였다.

군소 국가로 나뉘어진 압바스 제국은 그 명맥을 유지하다가 1258년 몽고에서 진격해온 징기스칸의 군대에 의해 500년 역사의 막을 내리게 되었다.

그러나 압바스 제국의 몰락이 곧 이슬람의 몰락을 의미하지는 않았다. 각 지역의 이슬람은 계속 확대되었고, 각 지역별로 이슬람 국가들이 세워졌다. 그리고 오늘날에 이르기까지 이슬람문명은 단지 아랍 세계뿐만이 아닌 범세계적인 문명으로써 자리를 차지하고 있다.

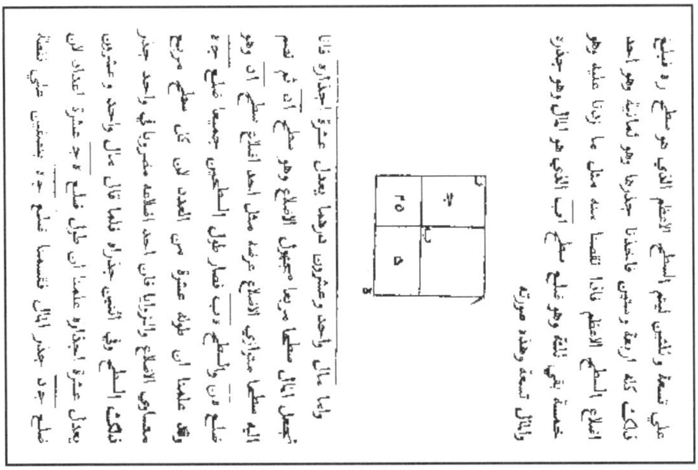

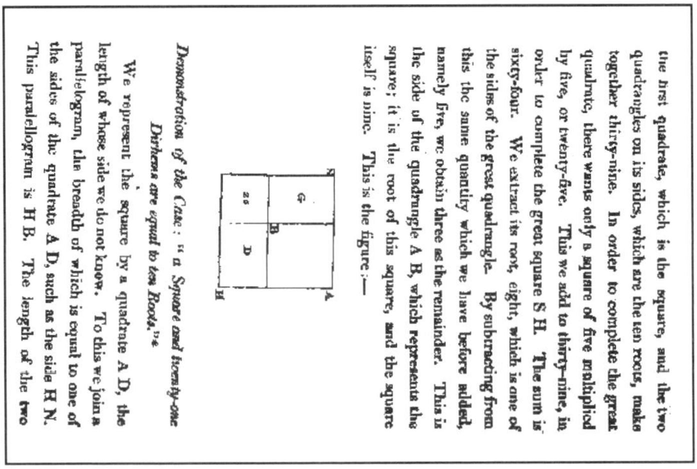

알 콰리즈미의 대수학의 아랍어본과 영어본 (ⓒWikipedia)

이슬람의 천문학자들이 실험을 하고 있는 모습을 재현해 놓은 모형

(두바이 이븐 바투타 쇼핑몰 ©구미란)

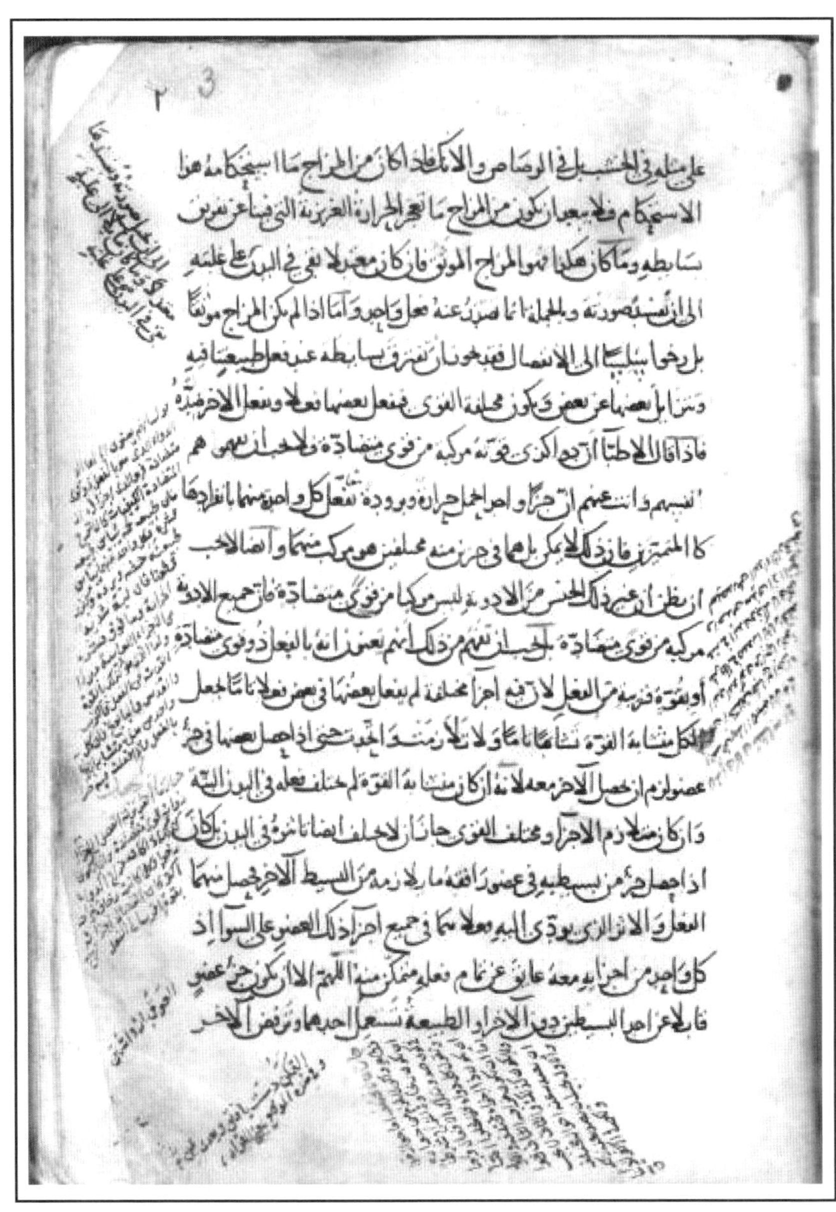

11세기초에 씌여진 의학정전 (©http://www.unesco-ci.org.)

안달루스의 이슬람 왕조(A.D. 756-1492)

안달루스는 스페인 남부에 위치한 지역이다. 우마위야 제국은 이 지역을 712년에 정복하였고 중앙에서 임명된 총독이 대리인으로 그곳을 통치하였다. 그러나 우마위야 제국이 막을 내리고 압바스 제국이 통치를 시작하면서 칼리파 압바스는 우마위야 가문의 왕자들을 모두 제거하기 시작했다. 이러한 위험 속에서 우마위야의 왕자 압드 알 라흐만은 안달루스로 도피에 성공하였고, 그곳에서 군사를 일으켜 756년 권좌에 올라 바그다드의 압바스 제국과는 분리된 새로운 우마위야 왕국을 세우고 수도 코르도바를 건설했다. 그는 33년 동안 권좌에 있으면서 학문을 장려하여 과학·예술·농업·산업 등 각 분야의 발전을 이룩했다. 또한 역사에 길이 남을 코르도바의 대모스크를 건축하기 시작했다.

그 당시 수도 코르도바는 인구가 약 50만명에 달하며 병원·학교·도서관·모스크 등 수많은 공공건물이 들어선 유럽 최대의 도시였다. 또한 인도나 중국·유럽 등 다른 문명 세계와 활발하게 교역하고 있었다.

1031년 안달루스의 우마위야 왕국은 지휘부의 분열로 멸망하게 되고 이후 군소 왕국, 무라비툰 왕국, 무와히둔 왕국을 거쳐 마지막 그라나다 왕국을 끝으로 1492년 스페인에 영토를 넘겨주고 유럽의 이슬람 왕국은 역사 속으로 사라지게 되었다.

마지막 그라나라 왕국은 안달루스에 아름다운 궁전을 건립하여 역사에 남기게 되는데, 그것이 바로 '알함브라 궁전'이다.

이슬람문화의 확산

이슬람은 메카에서 시작된 이래 정복 사업을 통해 확산된 종교이다. 그러나 이슬람의 지도자들은 정복지에서 이슬람만을 유일한 종교로 강요하거나 비무슬림들을 탄압하거나 차별하지 않고 그들과 공존할 수 있는 방법을 선택했다. 정복지의 공식 종교는 당연히 이슬람으로 공표되었으나, 이슬람을 받아들이지 않은 주민들에게도 자유를 주었다. 그들은 '딤미'라 불리며 일정한 세금을 내고 자신들의 종교를 지키며 살 수 있었다. 이러한 이유는 바로 성서인 꾸란에 "종교에는 강요가 없느니 진리는 암흑속에서 구별된다"(2장 256절)라고 명시되어 있기 때문이었다. 또한 이슬람은 이전에 계시된 신의 말씀인 구약과 신약 모두를 인정하며 무함마드 이전에 신의 말씀을 전했던 예언자들과 사도들을 모두 인정하므로 유대교인들이나 기독교인들 모두 신의 말씀을 따르는 신자들로 인정하였던 것이다.

이렇게 이슬람의 초기 융화 정책은 오히려 이슬람이 확대되는 결과를 낳았다. 이슬람은 단지 신앙의 종교만이 아닌 정치 · 사회 · 문화 등 전 분야에 확산되어 안달루스, 페르시아, 중앙아시아, 인도에까지 퍼져 나갔다.

일반적으로 이슬람은 아랍이나 중동 지역에서만 믿는 종교라고 생각하기 쉬우나, 오늘날 이슬람문명권에 속한 무슬림의 수는 세계인구의 5분의 1에 해당하는 약 13억명으로 추정되며, 세계 약140여개 국가에 무슬림들이 살고 있다.

코르도바 대모스크 외관 (@Wikimedia Commons)

코르도바 대모스크 내부 (@Wikimedia Commons)

알함브라 궁전의 외관 (©Wikimedia Commons)

알함브라 궁전의 내부 (ⓒWikimedia Commons)

동남아시아의 경우, 말레이지아는 15세기에, 인도네시아는 16세기에 이슬람을 국교로 받아들여 지금에 이르고 있다. 이곳에 이슬람이 전해진 것은 압바스 제국 시대에 무슬림 상인들이 중국과 교류하면서 이곳을 경유하며 이슬람을 전파하게 된 것이다.

아프리카의 경우에는 이슬람 출현 초기에 전해졌다. 9세기부터 예멘과 이집트 등에서 온 무슬림 상인들이 소말리아 연해 일대에 무역을 하며 동시에 이슬람을 전파했다.

이렇게 이슬람은 평등성과 관용성으로 세계의 종교가 되었다. 메카에서 시작되어 1,400년의 역사를 이어오며 세계인의 종교가 될 수 있었던 이유는 바로, 이슬람 안에서는 국적이나 인종, 부와 명예에 관계없이 모두가 무슬림으로써 평등한 지위를 가진다는 평등 사상이 크게 작용하였다. 또한 이슬람 이외에 고대 오리엔트 문명, 그리스·로마 문명, 페르시아 문명과 인도 문명 등 타문명에 대한 경외심을 잃지 않고 그 문명들을 적극 수용하여 재창조함으로써 관용과 포용의 종교 문화로써 여러 민족, 여러 시대에서 인정을 받는 종교가 되었다.

터어키 이스탄불의 쑬탄 아흐메드 모스크
일명 블루 모스크로 불리우며 세계에서 가장 아름다운 모스크로 간주된다.
1609-1616년에 건립되었다. (©Wikimedia Commons)

이스파한의 샤 모스크
18세기 초에 건립된 모스크로 푸른색의 타일 장식이 아름다운 대표적인 이슬람 건축물이다.
(©Wikimedia Commons)

아프리카 말리의 젠네 모스크

진흙으로 지은 모스크로 아프리카의 대표적인 모스크이다. 정확한 건축 기록은 없으나 13-14세기에 건축되었을 것으로 추정한다. (©Wikipedia)

인도네시아 자카르타의 이쓰티끌랄 모스크

동남아시아에서 가장 규모가 큰 모스크이다. 1949년 인도네시아가 네덜란드로부터 독립한 이후 이를 기념하기 위하여 건립한 사원이다. '이쓰티끌랄'은 아랍어로 '독립'을 의미한다. (©Wikimedia Commons)

4. 이슬람의 5주柱 6신信

5주柱

5주는 이슬람의 다섯 기둥이란 뜻으로 아랍어로는 '아르칸'이라 한다. 이는 무슬림들이 일상 생활에서 의무적으로 행해야 할 다섯 가지 실천 사항으로 이슬람의 바탕이 되는 기본 교리이다.

이슬람은 신자들에게 믿음은 실천에서 나온다는 것을 강조하며 일상 생활에서 또는 인생에서 지켜야 할 의무를 실천하는 것을 가장 중요하게 여긴다. 5주는 '신앙 고백샤하다', '예배쌀라', '희사자카트', '금식싸움', '성지순례핫즈'이다.

- 신앙 고백 샤하다 -

신앙 고백은 이슬람에 입교할 때 증언하는 것으로, "알라 외에는 신이 없고, 무함마드는 알라의 사도임을 증언합니다" 아랍어로 "아슈하두 알라 일라하 일랄 라 와아슈하두 안나 무함마단 라쑤룰 라"를 소리내어 말하는 것이다. 이는 이슬람의 근본 사상으로 유일신 사상과 무함마드가 신의 사도임을 강조하는 근본 교리 보여주고 있다. 무슬림이라면 오직 유일신인 알라만을 믿고 따라야 하며 다른 신은 물론 어떠한 우상도 숭배해서는 안된다.

'알라'는 아랍어로 '유일신' 즉 '하나님'을 의미한다. 따라서 우리가 흔히 듣는 '알라신'이라는 표현은 잘못된 표현이다.

또한 무함마드는 알라가 이 세상에 보낸 마지막 사도임을 믿고 그에게 계시된 알라의 말씀을 믿고 따라야 한다는 것이다. 무슬림들은 이

문구를 단지 입교할 때만 외우는 것이 아니라 일상 생활에서도 많이 사용하고 있다.

사우디 아라비아의 국기
'알라 외에는 신이 없고 무함마드는 알라의 사도이다'라는 글씨가 적혀 있다.

– 예배 **쌀라** –

이슬람은 하루에 다섯 번의 예배를 의무화했다. 예배는 해가 뜨기 전 새벽**파즈르** 예배를 시작으로 정오**주흐르** 예배, 정오 예배부터 약 3시간 후에 오후**아쓰르** 예배, 일몰 후 하는 저녁**마그립** 예배, 심야에 하는 밤**이샤** 예배로 이루어진다.

무함마드는 신도들에게 하루에 다섯 번의 예배를 의무화 한 것을 두고, 만일 사람이 하루 다섯 번의 목욕을 한다면 몸에 때가 낄 수가 없듯이 하루 다섯 번의 예배가 인간의 죄악을 씻어줄 것이라 말했다.

이슬람은 다른 종교와는 달리 성직자의 개념이 없으며, 모든 무슬림들은 기도를 통해 신과 직접 대화를 한다. 예배는 신을 만나는 장이기에 무슬림들은 하루 다섯 번의 기도를 성실히 수행한다. 또한 그들은 어떠한 행동이나 기도 앞에 항상 '비쓰밀라' 아랍어로 '신의 이름으로'로 시작을 한다.

예배 시간이 되면 '무앗진' 예배를 알리는 사람이 '아잔' 예배를 알리는 문구 를 소리내어 읊는다. 예전에는 무앗진이 사원의 높은 첨탑에 올라가 아잔을 소리 높여 읊었으나, 현대에는 마이크 앞에서 읊는다. 또한 대부분 이슬람 국가에서는 예배 시간이 되면 방송이나 라디오에서 아잔이 흘러나온다.

예배 시간이 되면 무슬림들은 가정에서 또는 사원에 모여 예배를 한다. 또한 회사나 학교 등 대부분 공공 시설에서도 '무쌀라' 예배소가 있어 함께 모여 예배를 본다.

그러나 예배는 반드시 사원이나 무쌀라 등 일정한 장소에서 해야 하는 것은 아니다. 사막에서도 길에서도 어디에서든 예배시간이 되면 메카를 향해 예배를 볼 수 있다. 전 세계 무슬림들은 국적을 불문하고 하루 다섯 번의 예배를 가장 중요시 한다. 사우디 아라비아의 경우 예배시간을 알리는 아잔이 울리면 모든 상가가 일시적으로 문을 닫는다.

예배를 보기 전에는 반드시 '우두'세정를 해야 한다. 우두를 하면서 몸과 마음의 청결함을 유지함으로써 알라에 대한 경배심을 가져야 한다는 것이다. 사막과 같이 물이 없는 곳에서는 깨끗한 모래로 세정을 하는데 이를 '타얌뭄'이라 한다.

이슬람 사원에서의 예배 모습 (©Wikimedia Commons)

예배를 할 때는 전 세계 어디에서든 예배의 방향은 메카를 향해 해야 한다. 이 때 메카의 방향을 '끼블라'라고 한다. 세계의 모든 이슬람 사원은 메카를 향해 기도할 수 있도록 설계되었다. 개인적으로 예배를 할 경우, 나침반으로 메카의 방향을 잡기도 한다. 또한 이슬람 국가내의 호텔의 객실에는 화살표로 '끼블라'를 표시해 둔다. 우리 나라의 호텔들의 경우에도 무슬림 손님들을 위해 객실에 '끼블라'를 표시해 두곤 한다.

평일 예배 시간에 영업을 중지한 리야드 쇼핑센터의 매장 (©구미란)

끼블라(메카방향) 을 표시해 놓은 바닥 (©Wikipedia)

이슬람 사원들은 단지 기도를 드리는 장소일 뿐만 아니라 교육을 위한 공간이기도 했다. 사원에서 어린이들은 꾸란을 암송하고 이슬람의 교리를 공부했다.

사원 내에서 남자와 여자의 기도 공간은 반드시 분리되어 있다. 복층으로 지어진 사원에서는 일반적으로 남성은 아래층에서 여성은 위층에서 예배를 하며, 하나의 공간일 경우 남성이 앞쪽에서 여성이 뒤쪽에서 예배를 본다.

공공장소에 표시된 무쌀라 (리야드 박람회장©구미란)

– 희사 자카트 –

이슬람에서 모든 재물이나 재산의 궁극적 소유권은 알라에게 있다. 인간은 단지 신으로부터 잠정적으로 소유를 위임 받아 사용하는 것이라 생각한다. 따라서 자신이 지니고 있는 재산의 일부를 알라에게 바쳐야 한다. 무슬림이라면 자신의 연 수입의 2.5%를 자카트로 내야 한다. 여기에서 수입은 순수입을 의미한다. 다만, 이슬람 국가에 살고 있는 다른 종교인들은 납부의 의무가 없다. 대신 이들에게 부과된 적법한 세금을 내면 된다. 과거 이슬람 제국 시대에도 이슬람 지역에 살고 있는 타 종교인들은 자카트를 납부하지 않았다. 그들에게는 별도의 인두세를 부과하였다.

일반적으로 이슬람 국가에서는 자카트를 빈민들을 위한 구제금으로 사용한다.

– 금식 싸움 –

무슬림들은 해마다 히즈라이슬람력 9월인 '라마단'달 한 달 동안은 해가 뜰 때부터 해가 질 때까지 물을 비롯한 모든 음식을 먹지 않는 금식을 한다. 이 기간 동안에는 음식 외에도 담배나 유흥, 심지어 부부관계도 금기사항이다.

라마단 달이 금식의 달로 정해진 이유는 이 달에 사도 무함마드에게 가브리엘 천사로부터 최초의 계시가 내려졌기 때문이다. 라마단 달의 첫 날과 마지막 날의 결정은 초승달의 출현으로 결정된다. 그러나 세계

곳곳의 초승달이 뜨는 시각이 다르므로 이는 각 지역의 이슬람 센터에서 결정하여 통보하게 된다.

이 기간을 무슬림들은 배고픔을 경험함으로써 가난한 자에 대한 이해를 더욱 넓히고 인내를 통해 굶주림을 이겨내는 정신을 강화하는 경험으로 삼는다.

다만, 임산부나 젖먹이를 키우는 엄마, 생리중인 여자, 노약자, 환자, 어린이 등은 금식에서 제외된다. 여행 중인 여행자들도 금식을 하지 않아도 된다. 그러나 이렇게 개인적인 상황으로 금식을 못하는 경우, 후일 가능한 시간에 따로 해야 한다.

무슬림들은 라마단 한 달 동안 금식으로 힘든 경험을 하면서도 이 달을 나눔의 달로 여기며, 가난한 자들을 위해 자선을 베푸는 기회로 삼는다. 거리 곳곳에는 라마단 텐트가 설치되며, 해가 진 후 식사 시간이 되면 어느 누구도 라마단 텐트에서 식사를 할 수 있다. 또한 일몰 후 저녁 식사 시간이 되면 가족 친지 들이 모여 식사를 하거나 친한 지인들을 초대하여 함께 이프타르**금식 후 처음 먹는 식사**를 나누며 즐거운 시간을 보낸다. 그리하여 무슬림들에겐 라마단 한 달은 금욕을 실천하는 동시에 가족 · 친구들과 더욱 친밀한 시간을 가질 수 있는 행복의 시간이 된다.

무슬림 사회에서 이프타르가 가지는 의미는 매우 다양하다. 개인적으로는 가족과 친지들을 초대하는 경우가 많으며, 또 사업가들의 경우 자신의 사업 파트너들을 초청하여 레스토랑이나 호텔에서 이프타르를 개최하기도 한다.

라마단을 축하하며 걸어놓는 등 (©Wikimedia Commons)

가정에서 이프타르를 차려놓고 일몰(마그리브) 예배를 보는 모습
(©Wikimedia Commons)

- 성지 순례 핫즈 -

마지막 다섯 번째 기둥은 '핫즈성지 순례' 이다. 성지 순례는 히즈라력 12월인 '둘 힛자'달의 8일부터 12일까지 4일간 진행된다.

신체적으로 건강하고 경제적으로 허락이 된다면 무슬림은 일생에 한 번은 이슬람이 시작된 곳인 사우디 아라비아의 메카를 순례하여야 한다. 그리하여 무슬림들에게 성지 순례란 무슬림으로서 의무를 다하는 의미가 되며 누구나 일생에 한 번 이 성지 순례를 가기 위해 노력을 아끼지 않는다.

사도 무함마드가 이슬람을 포교하던 당시 메카에서 핍박을 받아 메디나로 옮긴 이후 다시 세력을 재정비하여 메카로 무혈입성한 이후 여러 부족들이 카으바 신전에 모아 놓았던 많은 우상들을 제거하고 그곳을 유일신 알라의 신전으로 공표하였다. 그 후 무함마드는 세상을 떠나기 전 다시 메카를 찾아 그 주위를 돌아보며 순례를 하고 아라파트 산에서 모든 무슬림은 평등하다는 고별 연설을 하였다. 이러한 그의 행동이 곧 성지 순례의 절차와 순서가 되어 현재에 까지 이르렀다.

성지 순례는 전 세계 무슬림들을 하나로 묶는 큰 힘이 되어 왔다. 메카에 들어온 남자 무슬림들은 모두 몸을 깨끗이 씻은 후 흰색 천 두 장으로 몸을 가리는 '이흐람'을 한다. 그리하여 모든 무슬림은 국가와 민족에 관계 없이 같은 복장으로 성지 순례를 하게 되는 것이다.

순례 첫날 무슬림들은 메카의 '하람' 성원에 들어가 '카으바' 신전을 중심으로 시계 반대 방향으로 7번을 돈다. 이것을 '따와프'라 한다.

이어 하람 성원의 동편 약간 떨어진 곳의 '사파'와 '마르와'라는 두 동산 사이를 7번 왔다 갔다 한다. 이 의식을 '싸이질주'라고 한다. 이는 아브라함의 처 하갈이 목마른 어린 아들 이스마일을 위해 물을 찾으러 이 두 동산 사이를 뛰어 다닌 것에서 유래한다. 그 후 사원 근처에 있는 무함마드가 계시를 받은 '히라' 동굴을 방문한다.

그런 다음 미나 평원으로 가서 첫 밤을 보낸다. 매년 미나 평원에는 순례객들을 위한 거대한 텐트촌이 세워진다. 텐트를 예약하지 못한 순례객들은 개인 텐트 혹은 그냥 바닥에서 자리를 깔고 자기도 한다. 그러나 모든 순례객들은 성지 순례에 참가했다는 것만으로도 축복받은 모습을 보인다.

그 다음날 순례객들은 메카 동쪽 약 25km 떨어진 아라파트 산에 가서 해가 질 때까지 머무른다. 그곳이 바로 632년 무함마드가 순례 고별연설을 한 곳이다. 해가 진 후 순례객들은 '무즈달파'사막으로 이동하여 이틀 째 밤을 그곳에서 보낸다. 순례객들은 그곳에서 작은 돌멩이를 몇 개씩 주워 보관한다.

순례 셋 째날에는 다시 미나 평원으로 가서 '악마의 기둥'에 전날 모아놓은 돌멩이를 던진다. 이 돌기둥은 아브라함이 신의 명령으로 아들 이스마엘을 제물로 바칠 때 그것을 제지하려 유혹한 사탄을 상징하며, 그러한 사탄의 물리치기 위해 돌을 던지는 의식이다. 그리고 순례객들은 그곳에서 세 번째 밤을 보낸다.

이흐람을 하고 성지순례에 참가한 사람들 (©Wikimedia Commons)

다음날 순례객들은 다시 하람 성원으로 돌아와 '사파'와 '마르와' 사이를 7번 왔다 갔다 하는 '싸이질주'를 하고 '카으바'신전을 도는 '따와프'를 한다. 이것으로 순례가 끝나게 되며, 이어 이슬람의 최대 명절인 '이드 알아드하희생절' 이 시작된다. 희생절에 대한 자세한 내용은 후술하겠다.

성지 순례를 다녀온 무슬림들은 온 가족과 주위의 축하를 받는다. 그리고 그의 이름 앞에는 순례를 마쳤다는 의미로 '핫즈'를 붙이게 된다. 즉 이름이 '무스타파'라면 '핫즈 무스타파'로 칭하여 준다. 이는 그 옛날 무더위와 싸우며 사막을 가로질러 어렵고 힘든 여정을 무사히 마치고 신이 내려주신 의무를 다했다는 자부심을 한껏 높여주는 칭호라 할 수 있다.

사우디 아라비아 메카의 하람성원에 모인 순례객들 (©Wikimedia Commons)

6신信

6신은 무슬림들이 믿어야 하는 여섯 가지 믿음을 말한다. 여기에는 유일신 알라하나님, 천사, 성서, 예언자, 최후 심판일, 정명定命등이 있다.

– 유일신 알라 Allah 하나님 –

무슬림들은 '알라 외에는 신이 없다'는 것을 믿어야 한다. 이것이 이슬람의 가장 근본적인 교리 유일신唯一神 사상이다. 창조주 하나님 외에 그 어떤 신이나 우상을 숭배하지 않아야 한다. 사도 무함마드도 메카에 돌아온 후 가장 먼저 행한 것이 카으바 신전 주위에 각 부족들이 모셔둔 우상들을 제거하는 일이었다.

꾸란의 112장은 "일러가로되, 하나님은 오직 일위로서 한 분이시고 영원하시며 성부와 성자를 두지 않으셨으며 그분에 비유될 수 있는 것 아무것도 없노라."고 유일신 사상을 명시하고 있다. 하나님은 만물을 창조하신 주인이시고 전지전능 하시므로 인간은 절대 복종해야 하며 하나님의 존재를 의심하거나 부정해서는 안된다.

– 천사天使들 –

무슬림들은 신의 계시를 인간에게 전달하는 천사天使들의 존재를 믿어야 한다. 천사들은 신이 창조한 피조물로 낳지도 낳아지지도 않는 존재이며 남 · 녀의 구분도 없다. 천사들의 존재는 신의 말씀을 인간에게 전달하는 임무 만을 지녔다. 때문에 천사들에게는 신성이나 신격이 존재하지 않으며, 자유의지도 없다. 천사들은 오직 신의 명령만을 집행하는 존재이기에 숭배의 대상이 되지 못한다.

사도 무함마드에게 계시를 내리는 대천사 가브리엘 (많은 이슬람 삽화에서무함마드의 얼굴은 우상화를 금지하는 이유로 대부분 흰색으로 처리한 것을 볼 수 있다. (©www.eslam.de.)

천사들에게는 각각 주어진 임무가 있다. 대표적으로 가브리엘, 이스라필 천사가 있다.

대천사 가브리엘Gabriel 아랍어로 '지브릴' 은 모든 천사들을 주관하며, 신의 말씀을 전하는 임무를 지닌다. 가브리엘 천사는 사도 무함마드 뿐만 아니라 이전의 예수나 모세 등 선지자들에게 신의 계시를 전했다.

그리고 이스라필Israfil 천사는, 최후 심판의 날에 나팔을 두 차례 분다. 그가 첫 번째 나팔을 불면 신을 제외한 모든 피조물들이 죽게 되며, 두 번째 나팔을 불면 죽었던 피조물들이 부활하여 신 앞에서 심판을 받게 된다.

– 사도使徒들 –

무슬림들은 신의 계시를 받고 그 말씀을 전하는 사도使徒들을 믿어야 한다. 유일신 알라는 지상에서 신의 메시지를 받들고 전달할 훌륭한 인품을 지닌 인물을 '사도'로 택하여 천사 가브리엘을 통해 신의 말씀을 전하였다.

사도의 임무는 단지 신께서 내려주신 임무를 수행하는 것이므로 어떠한 인간 이외의 능력을 갖는다는 것을 의미하지는 않는다. 따라서 이슬람에서 사도 무함마드도 어떠한 초자연적 능력을 갖지 않는 인간으로 대우한다. 또한 무함마드 이전에 존재했던 모든 사도들– 아담, 노아, 아브라함, 모세, 예수등도 신의 말씀을 전한 인간으로 인정한다. 여기에서 예수의 존재를 신의 아들로 인정하여 '삼위 일체'를 주장하는 기독교와 달리 이슬람은 예수의 존재를 인간인 사도로 인정한다.

꾸란 16장 36절에는 신께서 각 민족에게 사도를 보내어 신을 섬기고 우상을 피하라 하였으니 그들을 믿고 따르라는 내용이 명시되어 있다.

- 성서聖書들 -

무슬림들은 신께서 내려주신 계시를 모은 책-성서들-을 믿어야 한다. 꾸란이 계시되기 이전에도 신께서는 모세를 통해 '토라'를, 다윗을 통해 '시편'을, 예수를 통해 '신약'을 내리셨고, 인간 세상에 마지막 계시로 사도 무함마드를 통해 '꾸란'을 내리셨다.

이슬람에서는 이러한 신의 책 성서들을 모두 인정한다. 그러나 성서들은 다른 언어가 아닌 계시된 언어로 씌여진 것만을 성서로써 인정하며 다른 언어로 번역된 것은 해설서로 간주한다. 그 이유는 번역 과정에서 원래의 뜻이 변질 될 수 있기 때문이다.

그리하여, 이슬람에서는 오스만 칼리파 시대에 만들어진 꾸란의 내용이 글자 하나 점 하나 변하지 않고 지금까지 이어져오고 있다. 또한 전 세계 모든 무슬림들은 국적이나 언어가 다르더라도 예배 시 꾸란 낭송을 아랍어 원어 그대로 외워서 한다. 이는 신의 계시를 그대로 외우고 실천하고자 하는 이슬람의 정신이다.

A.D. 650년 3대 칼리파 오스만 시대에 만들어진 꾸란의 복사본 (©구미란)

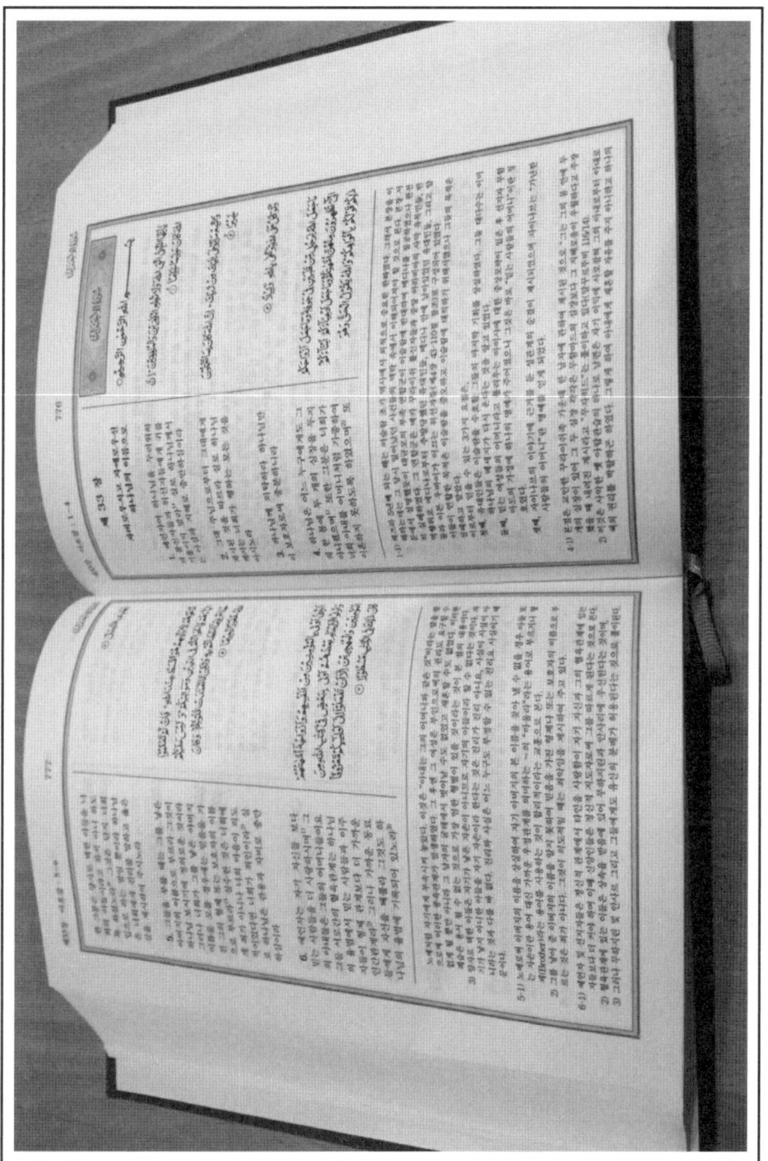

꾸란의 한국어 번역본 (©구미란)

– 최후 심판의 날 –

무슬림들은 최후의 심판의 날이 있음을 믿어야 한다. 최후 심판의 날에 이스라필 천사가 나팔을 불면 살아 있는 자들은 모두 죽게 되고 또한 모든 죽은 자들이 모두 부활하여 신 앞에서 심판을 받게 된다. 부활한 자들은 생전에 삶의 행위로 심판을 받아 그 결과에 따라 천국과 지옥으로 나뉘어 가게 된다.

천당에 가는 자는 신을 믿고 따른 자, 자선을 베푼 자, 신의 길에서 순교한 자 등이며, 지옥에 가는 자는 불신자, 우상 숭배자, 죄를 저지른 자 등이다. 그러나 이슬람은 인간이 죄를 지었더라도 알라 앞에서 참회를 하면 용서 받을 수 있다고 한다. 이것이 신의 관용성이다.

– 정명 定命 –

무슬림들은 세상과 우주의 모든 일은 신께서 모두 정해 놓은 것 정명定命임을 믿어야 한다. 무슬림은 신의 말씀인 경전의 가르침에 따라 신이 정해준 운명에 순종하며 살아야 한다. 신에 대한 절대 복종 만이 평화를 이룰 수 있는 길이다. 인간 세계 뿐만 아니라 우주의 모든 현상도 신의 뜻에 따라 일어나고 변화한다. 이슬람의 정명관은 알라의 권능과 그에 대한 절대적인 믿음의 신앙에 기초하고 있다.

5. 순니와 쉬아

이슬람의 종파宗派 중 가장 대표적인 종파는 '순니'와 '쉬아'이다.

이슬람의 종파는 다른 종교들과는 달리 교리의 차이가 아닌 정치적 견해의 차이로 나뉘게 된다. 그것은 바로 사도 무함마드의 사망 이후 그를 이어 누가 이슬람 공동체 움마의 지도자인 칼리파가 될 것인가를 두고 이견이 나뉜 것이다.

전술했듯이 사도 무함마드가 후계자를 지정하지 않고 사망한 후 4명의 칼리파가 차례대로 임명되었다. 여기에서 이들 칼리파의 인정을 두고 '순니'와 '쉬아'가 나뉘게 된다.

아랍어로 '순나'는 사도 무함마드가 살았던 방식을 따르는 것을 의미한다. 무함마드는 모든 행동을 신의 말씀에 따라 했던 분으로 후세 무슬림들은 그가 생전에 했던 행동들을 따라 한다면 신의 은혜를 받는다고 생각한다. 이렇게 '순나'를 따르는 자들을 '순니'라고 한다. 순니 무슬림들은 무함마드의 뒤를 이은 4명의 칼리파들은 당시 모두 적법한 절차에 의해 선출되었으므로 이들을 모두 정통 칼리파로 인정한다. 이들 순니 무슬림은 현재 이슬람 세계의 약 90%를 차지한다.

한편, '쉬아'의 의미는 '분파' 또는 '추종자들'의 의미로 원래의 명칭은 '쉬아 알리' 즉 '알리의 추종자'이다. 알리는 제4대 칼리파였으며, 무함마드의 사촌이자 무함마드의 딸 파티마와 결혼하여 그의 사위가 된 무함마드의 가장 가까운 혈육이었다. 무함마드에게는 아들이 없었다. 아내 파티마와의 사이에 2명의 아들이 태어났으나 모두 어려서 죽었다. 알리는 무함마드가 이슬람을 포교할 때 가장 먼저 신자가 된 자들에 속했고, 무함마드가 사망할 때까지 가장 측근에서 그를 보필하며 정복 사업을 이끌었다. 그러나 무함마드 사망 당시 그가 칼리파 직을 수행하기에는 너무 젊었다. 결국 20여 년이 흐른 뒤 알리는 제4대 칼리파에 올랐다.

그러나 3대 칼리파 우쓰만이 피살되었기 때문에 우쓰만의 지지자였던 우마위야 가문 등이 알리에게 반감을 갖게 되고 그의 통치 기간 내내 불협화음을 일으켰다. 그러던 중 알리는 통치한 지 5년 만에 사원에서 기도를 하던 중 자객에 의해 살해되었다. 그리고 우마위야 가문의 지도자 무아위야가 새로운 왕조인 우마위야 왕조를 세우고 새로운 제국의 칼리파로 등극하였다.

이 때 알리에게는 두 아들 하싼과 후세인이 있었다. 이 두 아들이 바로 사도 무함마드의 직계 혈육이었던 것이다. 알리를 지지하던 추종자들쉬아 알리 이하 '쉬아'은 우마위야 왕조를 인정하지 않고, 알리의 아들이 칼리파가 되어야 한다고 주장하며 세력을 키워가고자 하였다. 그러나 670년 알리의 큰아들 하싼이 독살당하였고, 둘째 아들 후세인만이 존재하였다.

알리의 추종자들은 사우디를 떠나 이라크의 쿠파에 모여 후일을 도모하였다. 그들은 우마위야의 지도자 무아위야가 아들 야지드에게 칼리파직을 물려 주는 것을 인정하지 않았다. 쿠파의 쉬아는 메카에 있던 알리의 아들 후세인에게 쿠파로 와서 세력을 합칠 것을 요청하였다. 후세인은 이에 응답하여 비밀리에 가족과 추종자들을 데리고 쿠파로 가던 중 이를 간파한 우마위야의 군대에 의해 발각되어 680년 1월 이라크 카르발라에서 우마위야 군대의 공격을 받고 후세인을 비롯한 모든 가족들이 몰살당하게 되었다. 우마위야의 군대는 자신들의 왕조를 위협할 사도 무함마드의 자손을 남겨놓지 않기 위해 남자들은 모두 참수를 하였으며 어린 아이들까지 사정 없이 살해했다고 전해진다.

이 날은 이슬람사에서 최대의 비극적인 사건으로 기록되고 있다. 쉬아는 매년 이 비극을 잊지 않는다는 의미로 이 참사가 일어났던 히즈라**이슬람력** 1월인 무하르람 달 10일을 '아슈라'라 정하고 매년 이 비극을 재현하는 '타으지야 **위로, 위안**'라는 종교 수난극을 펼친다. 이 행사에는 카르발라에서 후세인과 그의 가족들이 몰살 당했던 비극을 연극 형식으로 재현하며, 남자들은 자신의 몸을 채찍으로 내리치고 피를 흘리는 자해를 행하기도 한다. 너무도 잔인한 광경들이 펼쳐지곤 해서 국가적인 차원에서 극단적인 자해를 금지하고는 있으나 매년 아슈라의 날에는 1,400년 동안 이어진 쉬아 무슬림들의 울분과 통곡이 메아리 친다.

현재 대표적인 쉬아 이슬람 국가로는 이란과 바레인이 있으며, 비극이 발발했던 카르발라가 위치한 이라크에도 쉬아 무슬림이 80%이상 차지하고 있다. 쉬아 무슬림이 차지하는 비율은 전체 무슬림의 불과 10% 정도에 불과한 소수이다. 그러나 그들의 결집력은 매우 단단하며, 무함마드의 혈통만이 이슬람의 칼리파로서 인정될 자격이 있다고 굳게 믿고 있다.

이렇게 순니와 쉬아는 꾸란의 말씀에 대한 종교적 견해의 차이가 아닌 무함마드 사후 그를 이을 정통 칼리파직을 놓고 정치 · 역사적 견해 차이로 나뉜 종파이다.

'아슈라'에 '타으지야'를 하는 바레인 국민들 (©Wikimedia Commons)

이라크 카르발라의 이맘 후세인 모스크 – 쉬아 무슬림의 성지이다 (©Wikimedia Commons)

■■■ 참고문헌 ■■■

김용선,『아랍문화사』, 한국외국어대학교, 1986.

김정위,『이슬람 사전』, 학문사, 2002.

마이클 모건, 김소희 옮김,『잃어버린 역사, 이슬람』, 성균관대학교출판부, 2009.

버나드 루이스, 김호동 옮김,『이슬람 1400년』, 까치, 2003.

버나드 루이스, 이희수 옮김,『중동의 역사』, 까치글방, 1998.

사니아 하마디, 손영호 옮김,『아랍 아랍인』, 큰산, 1991.

서정민,『인간의 땅, 중동』, 중앙북스, 2009.

송경숙 외,『아랍문학사』, 송산출판사, 1992.

엄익란,『할랄, 신이 허락한 음식만 먹는다』, 한울, 2011.

정수일,『문명교류사연구』, 사계절, 2012.

정수일,『이슬람 문명』, 창작과 비평사, 2003.

전완경,『아랍의 관습과 매너』, 부산외국어대학교 출판부, 1999.

최영길,『성 꾸란 의미의 한국어 번역』, 파하드 국왕성 꾸란 출판청, 1998.

타밈 안사리, 류한원 옮김,『이슬람의 눈으로 본 세계사』, 뿌리와 이파리, 2011.

프랜시스 로빈슨 외 지음, 손주영 외 옮김,『케임브리지 이슬람사』, 시공사, 2002.

하워드 R. 터너 지음, 정규영 옮김, 『이슬람의 과학과 문명』, 르네상스, 2004.
http://news.mk.co.kr

Ⅲ. 아랍 · 이슬람의 생활 문화

1. 아랍인의 여유

아랍 국가에 가거나 아랍인들과 교류할 때 당황스러웠던 기억들이 한 두 번씩은 있을 것이다. 그런 상황들 중 가장 대표적인 것이 아랍인들의 시간 관념이다. 약속을 해 놓고 막상 약속 시간에 나가면 정해진 시간에 만나는 경우가 거의 없다. 약속 시간에 10분만 늦어도 진땀을 흘리며 미안해하는 우리들로서는 도저히 이해가 되지 않는 상황이 종종 생긴다. 30분 이상 늦어도 그리 미안해 하지 않으며 아무렇지 않게 대화를 시작하는 것이다. 그런데 상황이 반대가 되어 내가 약속 시간에 매우 늦게 되어도 그들은 아무렇지 않게 여겨 미안한 마음에 달려온 나를 머쓱하게 만든다. 그저 미안하다고 사과하는 나에게 '마알레쉬' **아랍어 방언으로 '괜찮아'** 하며 별일 아닌 듯 넘긴다. 이처럼 아랍인들은 아무리 약속을 했더라도 늦을 수 있는 일이 생기는 것은 신의 뜻이니 서로 이해를 해주기만 하면 아무 문제가 되지 않는다는 생각을 갖고 있는 것이다.

또한 아랍인들과 함께 어떤 일을 추진할 때 그들의 끝없는 여유로움에 답답함을 느낄 때가 있다. 그러나 우리가 여유로움이라 생각하는 것이 사실 그들에게 있어서는 일을 추진함에 신중을 기하는 자세에서 나오는 것이다. 아랍 격언에 "인내는 신에게서 나오고, 조급함은 악마에서 나온다"는 말이 있다. 일을 추진함에 있어 조급함으로 일의 실패를 가져올 수 있으니, 신중을 기한다면 일을 성공적으로 마칠 수 있다는 의미를 담고 있다. 따라서 아랍인들과 함께 추진하는 일이라면 빠른 시일 내에 결과를 바라기 보다는 인내심을 가지고 추진하는 것이 좋을 것이다.

아랍인들이 약속을 할 때에는 반드시 약속의 끝에 '인 샤 알라'를 붙인다. 이는 아랍어로 '신의 뜻이라면'의 뜻으로 미래에 대한 약속을 하거나 각오를 할 때 붙이는 어구이다. 인간이 자신의 미래를 알 수 없고, 미래는 오직 신의 뜻에 따라 결정되기에 자신의 미래는 신의 뜻에 달렸다는 정명관을 그대로 보여주는 표현이다.

대답은 오직 '예' 또는 '아니오'로만 대답을 해왔던 우리에게 '인샤알라'라는 대답은 매우 모호한 의미로 다가오지만, 그들의 신에 대한 무조건적인 믿음과 복종을 이해한다면 이보다 더 현명한 대답은 없다는 생각이 든다.

2. 인사 예절

아랍뿐만 아니라 전 세계 이슬람 국가에서 통용되는 인사는 '앗쌀라무 알라이쿰'이다. 아랍어로 '쌀람'은 (신의)안전 · 안녕 · 평화이며, 이 인사의 의미는 '(신의)평화가 당신에게 깃들기를 바랍니다'이다. 이 인사에 대한 대답은 '와알라이쿠 뭇쌀람'이다. 앞의 인사에 두 단어가 도치된 문장으로 '당신에게도 (신의)평화가 깃들기를 바랍니다'라는 뜻이다.

또한 헤어질 때는 '마앗 쌀라마'라고 한다. 이 인사의 의미는 '(신의) 평화 (또는 안녕)이 함께 하길'이다. 당신이 가는 길에 항상 신의 보살핌이 있기를 바란다는 의미이다.

이처럼 이슬람의 인사는 상대에게 '신의 평화'를 기원하며 모든 일에 '신의 축복'이 함께 하길 기원하는 내용이 많다. 상황에 따른 적절한 인사법는 이 책의 마지막 부분에 정리되어 있으니 독자들의 아랍인들과의 만남에 도움이 되기를 바란다.

아랍인들과의 만남에서 인사를 할 때 아랍 국가들 별로 개방적인 사회이냐 보수적인 사회이냐에 따라 주의해야 할 사항들이 있다. 우선 남성과 남성, 여성과 여성 이렇게 동성끼리의 인사는 문제가 될 것이 없다. 그러나 남성이 먼저 아랍 여성에게 인사를 청하는 것은 주의해야 한다.

처음 만나는 경우에는 일반적으로 악수를 한다. 이 때 악수는 반드시 오른 손으로 해야 한다. 이슬람에서는 오른 손과 왼 손의 역할이 구분되어 있기 때문이다. 밥을 먹거나 악수를 하는 등 긍정적인 행동들은 오른 손으로 하고, 왼 손은 주로 화장실에서 사용하는 등 오염된 일을 처리하는 역할을 한다.

악수를 한 후 오른손을 가슴에 대기도 하는데, 이는 상대방이 내 마음 속에 있다는 표시이다. 친분이 있는 사람들의 경우 악수와 함께 포옹을 하고 입으로 쪽쪽 소리를 내며 볼과 볼을 번갈아 맞댄다.

이러한 인사는 주로 남자는 남자끼리 여자는 여자끼리 한다. 이집트나 모로코 튀니지와 같은 일부 개방된 생활 방식을 가지고 있는 국가에서는 흔히 여자와 남자가 악수를 하는 모습을 볼 수 있다. 그러나 아랍·이슬람 국가에서 이성에게 먼저 악수를 청하는 것은 금하는 것이 좋다.

그리고 매일 만나는 사이라도 서로의 안부를 묻는다. 오랜만에 만났다면 상대의 안부뿐만 아니라 가족들의 안부 및 최근의 일들에 대한 상황들을 물어봐 주는 것이 예의이다. 그래서 아랍인들의 인사는 5분, 10분 또는 그 이상이 걸리기도 한다.

한편 무슬림들은 고개를 숙여 인사하지 않는다. 친구들 사이에서는 물론 웃어른들과 인사하는 경우에도 악수를 하는 것이 일반적이다. 무슬림이 고개를 숙여야 하는 대상은 오직 신에게 뿐이다. 오직 예배를 볼 때 신을 향해 고개를 숙이고 무릎을 꿇어 엎드린다. 이는 인간이나 우상을 경배의 대상으로 삼지 않는 이슬람의 교리 때문이다. 이러한 이유로 한국인과 결혼하여 한국에 정착해 사는 무슬림 여성들이 시댁의 유교적 가치관과 충돌하는 경우를 종종 볼 수 있다. 제사는 물론 웃어른들에게 절을 하지 않는 무슬림 며느리가 이슬람의 전통을 잘 알지 못하는 시댁의 어른들 눈에는 곱게 보일 리가 없다. 때문에 현재 우리 나라에는 보다 폭넓게 이슬람에 대한 이해가 절실한 상황이다.

3. 무슬림의 출생과 성장 의례

무슬림 가정에서 아기가 태어나면 가장 먼저 아기의 귀에 꾸란 구절을 들려준다. 태어난 직후 가장 신성한 알라의 계시를 들려줌으로써 이때부터 아기는 무슬림이 된다.

출생 후 일곱 번 째 날에는 아기에게 이름을 지어주는 작명 의식을 한다. 또한 이날 양을 잡아 가족과 이웃과 함께 나눈다. 보통 남자 아이의 경우 양 두 마리를, 여자 아이의 경우 양 한 마리를 잡는다. 그리고 남자 아이의 경우에는 머리를 깎아준다. 생후 7일 째에 행해지는 이러한 의식을 '아끼까'라 하며, 이는 아기를 해로움으로부터 보호하기 위해 사도 무함마드 시대부터 이어져온 의식이다.

한편, 남자 아이의 경우 일반적으로 7-12세 사이에 '할례割禮'를 한다. 집안에서 아들의 할례는 전 가족의 축복 속에 이루어진다. 국가마다 지역마다 약간의 차이는 있지만 할례 일정이 잡히면 가족은 음식을 장만하여 친지 및 이웃들을 초청하는 파티를 연다. 남자 아이는 그들의 축복 속에 할례를 하고 마침내 무슬림 남자로서 인정받게 된다.

전통적으로 할례는 동네에서 할례를 전문적으로 해왔던 남자 어른에 의해 집에서 이루어졌고, 현재에도 시골 마을에서는 집에서 하는 경우도 많다. 반면 도시에서는 국가에 따라 전문 할례식장이 있어, 할례와 파티를 함께 여는 경우도 있다. 시대가 바뀌고 할례식의 환경은 변화했더라도 가족 · 이웃과 함께 할례를 축복하고 음식을 나누는 풍습은 변함이 없다.

전통적인 할례 방식 (©Wikimedia Commons)

할례식에 참가한 터어키 소년들 (©Wikimedia Commons)

4. 결혼과 이혼

결혼

이슬람에서 결혼 무슬림의 의무로 간주된다. 전통적인 이슬람 사회에서는 남녀 간의 교제가 허락되지 않으므로 결혼할 시기가 되면 부모들이 자식들의 배우자감을 찾아 혼인을 시키는 중매혼이 일반적이었다. 그러나 현대에 오면서 개방적인 사회에서는 연애 결혼도 이루어지고 있다. 그러나 무슬림은 같은 무슬림과 결혼해야 한다는 것은 변함이 없다. 그래서 비무슬림의 경우 결혼 전에 입교를 하여 무슬림이 된 이후에 결혼을 한다.

과거 이슬람 사회에서는 자신의 부족의 혈통을 지키기 위해 친척간에 결혼을 하는 족내혼이 흔했다. 사촌과 육촌 간의 결혼이 일반적이었다. 그러나 현대에 오면서 족내혼은 줄어들고 있는 추세이다. 그러나 결혼은 부모와 가족의 동의 하에 하는 것은 필수적이다.

이슬람에서는 결혼을 할 때 신랑은 반드시 신부에게 '마흐르'라는 지참금을 주어야 한다. 보통 '마흐르'는 결혼 계약을 할 때 결정하고 지불하게 되며, 일반 결혼식 외에 이슬람 사원에서 이루어지는 결혼 계약서 작성 시 신부에게 줄 '마흐르'를 명시해야 한다. '마흐르'에는 정해진 액수가 있지는 않으나 이것에 따라 집안의 명성과 체면이 달라지기 때문에 매우 신중히 결정된다. '마흐르'는 금전이나 재물 등 다양한 종류로 구성할 수 있다.

이슬람에서의 결혼은 신의 말씀을 수행하는 길이며 신이 정해준 운명을 받아들여 삶으로써 천국에 이를 수 있는 길이라고 생각한다. 또한 결혼은 남편과 아내로써 약속을 실천하는 것이라고 본다. 결혼을 할 때 반드시 결혼 계약서를 작성하며 그것에는 남성은 남편과 아버지로서의 권리와 의무를, 여성은 아내와 어머니로서의 권리와 의무를 각각 명시한다. 그 뿐 아니라 결혼 시 아내가 받는 '마흐르'의 정확한 액수와 물품 목록 등이 기록되고, 또한 만약에 있을 수 있는 이혼 후 이행해야 할 서로의 의무 등도 기록된다. 이 결혼 계약서는 양가의 합의에 따라 작성되기에 결혼 당사자와 집안의 상황에 따라 다르다.

결혼식 풍습은 국가마다 지역마다 다르다. 하지만 결혼식은 무슬림의 일생에서 가장 화려하고 행복한 시간이 되는 것에는 틀림이 없다.

걸프지역의 경우 결혼식은 신랑측과 신부측이 따로 파티를 한다. 우리 나라처럼 주례가 축하나 당부의 말을 하는 형식은 없다. 신랑은 신랑측의 남자 하객들과 함께 모여 즐겁게 축하를 나누고 남성들이 추는 전통 베드윈 댄스가 공연되기도 한다. 신부의 경우, 다른 장소에서 여자 친구와 친지들과 함께 여성들만의 파티를 한다. 여성들만의 장소에서는 히잡의 착용은 불필요하다. 화려하고 아름답게 치장한 신부와 친구 친지들은 행복한 결혼을 기원하며 축하 파티를 한다. 걸프 지역에는 이러한 결혼식을 위한 연회장들이 있으며 호텔에서 하기도 한다.

반면, 이집트나 튀니지, 모로코 등에서는 결혼 식장에서 남·녀에구분 없이 가족·친지·친구들이 함께 모여 신랑 신부를 축하한다. 일반적으로 아랍 세계에서의 결혼식은 무더운 낮을 해가 진 후에 이루어진다. 도시에서는 결혼식이 끝난 후 신랑과 신부를 태운 차는 여러 가지 치장을 하고 밤새 경적을 울리며 시내를 다니는 광경도 흔히 볼 수 있다.

공식적인 결혼식 외에 무슬림 부부는 이슬람 사원에서 이맘 앞에서 결혼 계약서에 싸인을 한다. 이 때 싸인을 하는 사람은 신랑과 신부가 아닌 신랑과 신부의 아버지가 된다. 신부의 아버지가 안계실 때는 삼촌이나 오빠 등이 후견인이 된다. 신부의 아버지와 신랑은 이맘 앞에서 손을 잡고 꾸란을 외우며 신 앞에서 결혼 서약을 한다.

결혼식에 가는 베드윈 신랑과 신부의 모습 (©구미란)

결혼식에서 흥겹게 춤을 추는 축하객들 (©Wikimedia Commons)

이혼

결혼 후 남편이나 아내가 각자에게 주어진 임무를 제대로 수행하지 못할 때 이혼을 요구할 수 있다. 부인은 남편이 가족을 돌보지 않거나, 가족을 부양할 능력이 없을 때, 또 오랫동안 부재 중이거나 성생활이 불가능할 경우 이혼을 요구할 수 있다.

반면, 남편은 아내가 자신의 의무를 다하지 않는다고 생각될 때, 남편이 아내에게 공식적으로 "나는 당신과 이혼하겠소"라고 세 번을 선언하면 이혼이 성립된다. 이러한 이유로 이슬람에서 남녀의 평등에 대한 논란이 끊임없이 제기되고 있다. 그러나 이혼을 하게 되더라도 결혼 시 받은 '마흐르'는 아내의 소유로 경제적인 안정에 기여한다.

여성의 지위

요즈음 외신에서는 종종 무슬림 여성이 가족의 명예를 더럽혔다는 이유로 아버지나 오빠에게 죽임을 당하는 명예살인에 대한 뉴스가 나온다. 그리하여 이슬람은 여성을 자유를 억압하는 종교라는 인식이 퍼져있다. 이렇게 명예 살인 아랍 및 이슬람 국가들에서 일어나고 있으나 이는 원래의 이슬람의 정신과는 다른 현상이다.

사도 무함마드는 가정에서 남편과 아내가 동등한 존재임을 강조했다. 무함마드의 아내 카디자는 대상 무역을 하는 상인이었다. 그녀는 무함마드가 신의 계시를 받은 후 바로 이슬람에 귀의 하였고, 무함마드의 포교 활동을 적극적으로 도왔다. 또한 카디자가 죽은 후 아내로 맞이한 아이샤도 남성과 같이 '낙타전투'에 참여하여 전쟁을 이끌었다. 이처럼 이슬람의 초기 역사에서는 여성의 사회적 행동을 금지하거나 여성의 지위를 비하하는 상황은 찾아보기 어렵다. 다만 여성은 남성과 다르기 때문에 사회적으로 '보호'해야 하는 대상으로 여겼다.

그러나 사도 무함마드의 사후, 이슬람이 확대되면서 이슬람화 된 지역의 토착 민속과 섞이면서 여성의 사회 참여가 점점 줄어들게 되고, 여성을 집안에만 있게 하며 행동을 제약하고, 심지어 일부 지역에서는 여성의 할례 등을 통해 여성을 억압하는 악습이 만연하게 되었다. 또한 현대에 와서도 일부 급진 이슬람 세력이 정권을 잡은 지역에서는 자신들의 정치적 세력을 강화하기 위해 이슬람의 이름으로 여성들에게 교육의 기회를 박탈하고 외부 출입을 금지하는 등 종교를 정치적으로 이용하며 이슬람을 왜곡시키고 있다.

그러나 대부분 아랍 국가들에서 여성들은 남성들과 동등한 교육을 받고 동등한 사회 진출을 하는 등 권리가 보장되고 있다. 이제 아랍 국가들에서 엔지니어와 같은 전문직뿐만 아니라, 장관, 국회의원 등 정부 부처에서 일하는 전문직 여성을 발견하기란 매우 쉬운 일이다.

베드윈 여성의 전통적 생활 모습 (ⓒ구미란)

교육 박람회에서 유학의 기회를 찾고 있는 아랍 여학생들 (ⓒ구미란)

일부다처제 一夫多妻制

일부다처제는 무슬림들이 가장 많은 질문을 받게 되는 주제 중 하나일 것이다. 이슬람 사회에서 일부다처제가 공식화 된 것은 이슬람 초기의 역사적 환경에 기인한다.

이슬람은 정복 사업을 통해 확대된 종교이다. 사도 무함마드 시대부터 이슬람을 반대하는 여러 부족들과의 충돌은 피할 수 없었고, 이에 무슬림 남자들은 성전聖戰 아랍어로 '지하드'을 통해 반대 세력을 물리치고 이슬람 지역을 넓혀갔다. 이러한 전투 속에서 성인 남자들의 희생은 불가피했다. 특히 625년 발생한 우후드 전투에서 많은 사상자들이 발생하여 움마에는 미망인들과 고아들이 많이 늘어나게 되었다. 이 때 신은 계시를 내려 능력이 되는 남자들로 하여금 미망인들과 결혼하여 그들의 삶을 안정적으로 유지할 수 있도록 하였다. 아내는 최대 4명으로 제한하였고, 이들과 결혼 후에는 모두 동등한 대우를 해주어야 한다. 그렇지 못할 경우에는 한 명과 결혼할 것을 명시했다.

꾸란 4장 3절에 이에 대한 신의 계시가 기록되어 있다. "만일 너희가 고아들을 공평하게 대해줄 수 없을 것 같은 두려움이 있다면 너희가 마음에 드는 여성으로 두 번, 세 번, 또는 네 번을 결혼하라. 그러나 그녀들에게 공평하게 대해줄 수 없을 것 같은 두려움이 있다면 한 여성이거나 너희 오른손이 소유한 것을 취하라. 그것이 너희를 부정으로부터 보호하여 주는 적합한 것이다."

이 시대에 일부다처제가 계시된 것은 일종의 여성과 고아들에 대한 '사회 복지' 차원으로 볼 수 있다. 여성의 경제 활동이 어려웠던 시절, 남편을 잃은 아내가 아이들과 함께 살아갈 방법이 막막했던 시대에 내려진 계시였다.

이러한 이유로 현대 이슬람 사회에서 일부다처제는 점차 줄어들고 있는 실정이다. 현실적으로 네 명의 부인들과 자식들을 공평하게 부양하기란 매우 어려운 일이다.

현재 이슬람 국가들의 일부다처제에 대한 법률은 각기 다르게 적용하고 있다. 튀니지와 터어키는 법으로 이 제도를 금지하고 있으며, 요르단이나 이집트는 존속시키고 있다. 또한 이라크, 이란 등의 국가에서는 재판소의 허락 등 조건부로 허용하고 있다.

현대에는 사회가 변함에 따라 또한 젊은 층으로 갈수록 일부 다처의 비율은 점차 낮아지고 있다.

세 명의 아내와 두 명의 하녀를 수레에 싣고 가는 무슬림 남편
(19세기말 촬영 ©Wikimedia Commons)

5. 장례 문화

이슬람 사회에서 사람이 사망을 하면 24시간 내에 장례를 치르고 매장埋葬을 한다. 이 장례 형식은 생전의 지위 고하를 막론하고 동일하다. 국가의 지도자가 서거했다 하더라도 바로 다음날 장례를 치른다.

이슬람에서는 인간의 생生과 사死는 모두 신께서 정하신 일이기에 이에 대해 너무 오랫동안 슬퍼하지 않아야 한다고 말한다.

일반적으로 이슬람 사원에서 장례식을 한 후 묘지로 가서 매장을 한다. 이슬람에서는 화장火葬을 하지 않는다. 매장을 할 때에는 망자의 몸을 흰 천으로 감싸고 관 없이 시신만을 매장한다. 이 때 망자의 머리를 메카 방향으로 향하게 한다.

장례식과 매장을 할 때에는 남성들만 참여하는 것이 관례이며, 여성들은 매장이 끝난 후 무덤을 찾아 애도한다.

팔레스타인의 무슬림 장례식 (©Wikimedia Commons)

6. 명절과 기념일

이슬람의 3대 명절은 '무함마드 탄신일 마울리드 알 나비', '금식 종료절 이드 알 피뜨르', '희생절 이드 알 아드하'이다.

무함마드 탄생일 마울리드 알 나비

무함마드 탄생일은 히즈라 이슬람력 3월 12일이며, 이날 무슬림들은 주로 사원에 모여 합동 예배를 한다. 합동 예배시 이맘은 무함마드가 생전에 행했던 공덕에 대해 연설하며 그를 기린다.

금식 종료절 이드 알 피뜨르

금식 종료절은 히즈라 이슬람력 9월인 라마단 달에 행한 금식이 끝난 후 10월 1일에 시작되는 명절이다. 보통 3일간의 연휴가 시작된다. 무슬림들은 첫 날 이슬람 사원에 모여 합동 예배를 본다. 한 달 동안의 단식을 무사히 마친 것을 축하하며 서로에게 신의 축복을 기원해 준다. 또한 무슬림들의 의무인 희사금 자카트을 납부한다.

명절 동안 무슬림들은 서로의 친지를 방문하거나 그들을 초대해 정성껏 마련한 음식을 나누어 먹으며 화목한 시간을 보낸다.

한편, 무슬림들은 '이드 알 피뜨르'를 '소小축제', 아랍어로 '이드 싸기르'라부른다.

금식 종료절에 합동 예배를 보는 소말리아의 무슬림들 (©Wikimedia Commons)

희생절 이드 알 아드하

희생절은 이슬람 세계의 최대 명절이다. 매년 성지순례**핫즈**가 끝나는 히즈라**이슬람력** 12월 10일부터 시작하여 보통 3일간 진행된다. 희생물은 양이 가장 보편적이다.

명절의 명칭이 '희생절'이 된 이유는 다음과 같다. 기원 전 신께서 아브라함의 신앙심을 확인하기 위해 아브라함에게 그의 아들 이스마엘을 제물로 바치라고 명령했다. 아브라함은 이를 제지하는 사탄의 유혹을 뿌리치고 이스마엘을 신께 바치려 했다. 신께서는 그의 신앙심을 확인한 후 이스마엘을 양으로 바꾸어 주었다.

이러한 역사적 배경으로 무슬림들은 성지순례가 끝나는 날 양을 잡아 3분의 1은 가족을 위해, 또 3분의 1은 이웃을 위해, 마지막 3분의 1은 가난한 자들 위해 분배한다.

희생절에는 전 세계 이슬람 사회에서 양이나 염소 등 가축을 잡기에 이 때 희생되는 가축의 양이 어마어마하다. 아랍 사회에서는 집에서 직접 양을 잡는 모습을 흔하게 볼 수 있다.

또한 무슬림들은 희생제인 '이드 알 아드하'를 '대**大**축제', 아랍어로 '이드 카비르'라 부른다.

희생절을 축하하는 축하 카드 (©https://www.vecteezy.com.)

■ ■ ■ 참고문헌 ■ ■ ■

김동문, 『이슬람의 두 얼굴』, 예영커뮤니케이션, 2001.

서정민, 『인간의 땅, 중동』, 중앙북스, 2009.

엄익란, 『무슬림 마음속에는 무엇이 있을까? 』, 한울, 1999.

오은경, 『베일 속의 여성 그리고 이슬람』, 시대의 창, 2014.

정수일, 『이슬람 문명』, 창작과 비평사, 2003.

조희선, 『아랍문학의 이해』, 명지출판사, 1999.

P.J. 스튜어트, 2004, 『펼쳐보는 이슬람』, 풀빛, 2004.

http://www.yonhapnews.co.kr/bulletin/2016/10/27

Ⅳ. 아랍의 의상과 음식 문화

1. 의상과 헤나

남성 의상

아랍인의 의상은 사막의 뜨거운 열기로부터 피부를 보호하기 위해 여자뿐만 아니라 남자도 머리부터 발끝까지 온몸을 가리게 된다. 남자들은 일상에서 통풍이 잘 되는 원피스 형식의 통 옷을 입는데 이것을 지역에 따라 '싸웁', '디슈다샤' 또는 '갈라비야'라고 부른다. 이 옷은 흰색이 주를 이루며 회색, 갈색 등 다양한 색이 있다. 또한 겉옷으로는 '비슈트'가 있다.

머리에는 '타끼야'라는 흰색 모자를 쓰고 그 위에 '구트라', '슈마그', 혹은 '쿠피야'라고 부르는 천을 쓴다. 이것은 문양에 따라 이름이 다르다.

흰색 천을 '슈마그', 흰색과 빨간색의 체크 무늬가 있는 것은 '구트라', 흰색과 검정색의 체크 무늬는 '쿠피야'라고 부른다. 그리고 그 위에 원형 모양의 '이깔'을 쓴다. 이것은 천을 눌러 고정시키는 역할을 한다.

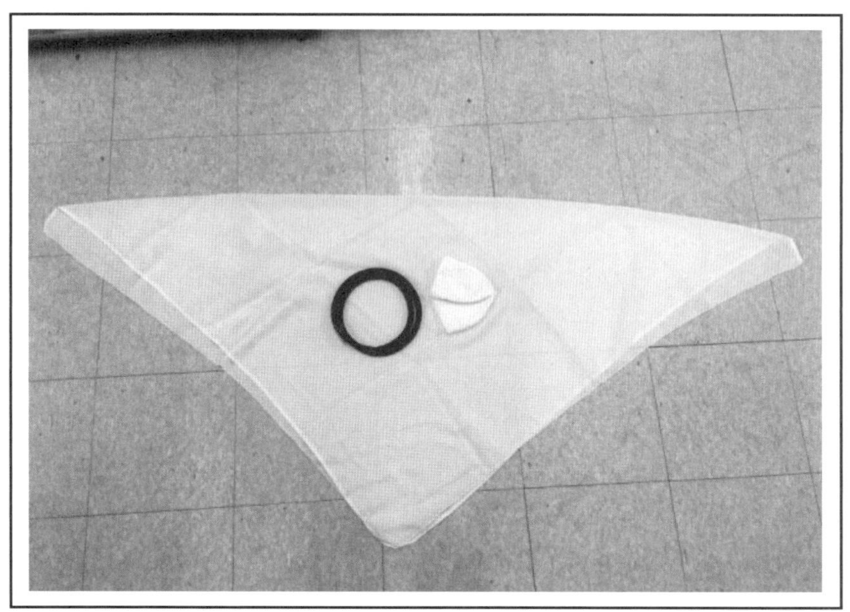

전통 남성 의상 – 슈마그, 타끼야, 이깔 (위쪽), 디슈다사 (아래 왼쪽),
비슈트(아래 오른쪽) (©구미란)

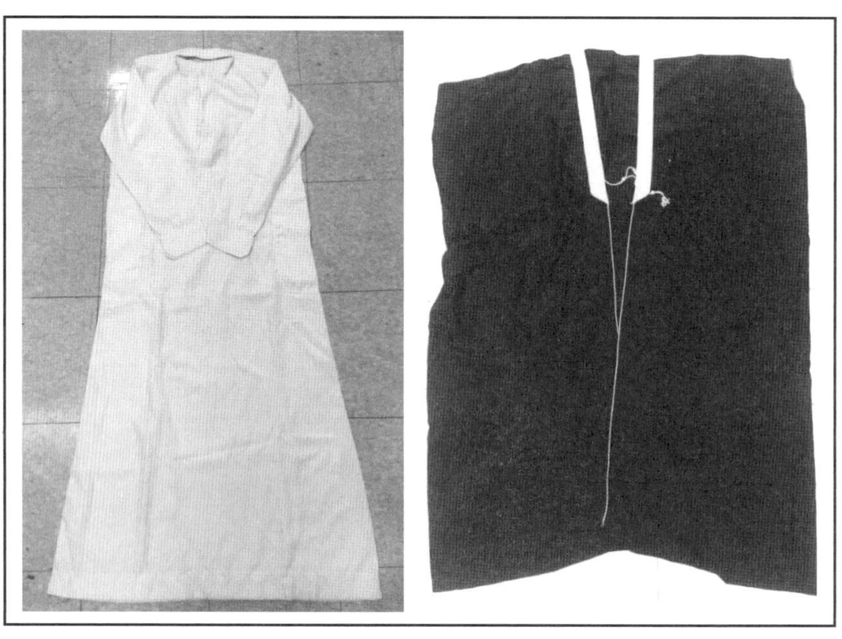

전통 의상을 입은 사우디 남성들 (©구미란)

여성 의상

아랍 여성의 의상 하면 가장 먼저 '히잡'을 떠올리며 온몸을 검은 옷으로 가린 여성을 떠올린다. 아랍 국가에서뿐만 아니라 이슬람 사회의 여성에게는 '히잡'을 쓰는 것이 의무로 여겨지고 있지만, 원래 히잡이나 온몸을 가리는 의상은 이슬람 이전 시대부터 있어왔다. 아랍의 환경적 특성상 모래 바람과 섭씨 50도 가까운 뜨거운 태양 아래 피부를 내놓고 다니는 것은 거의 불가능하다. 그러기에 온몸을 가리는 의상은 사막의 환경에서 필수 불가결한 선택일 수 밖에 없다.

이슬람이 시작된 이래 여성들에게 '히잡'을 쓰는 것이 의무화되었다.

‘히잡’은 아랍어로 ‘보자기’ 또는 ‘가리개’라는 의미이다. 이슬람에서 여성들에게 이러한 요구를 한 것은 사회적으로 여성들을 보호하기 위한 수단이라고 한다. 자칫 문란한 남성들로부터 여성들을 보호하기 위해 여성들의 노출을 삼가 하게 만든 것이다.

꾸란의 24장 31절에는 여성의 노출을 삼가 하라는 계시가 다음과 같이 제시되어 있다. “믿는 여인들에게 이르기를, 그녀들의 시선을 아래로 향하고 정숙함을 지키며, 자연히 보여지는 것 외에 어떠한 유혹도 드러내지 말며, 가리개를 가슴까지 내리며, 남편, 아버지, 시아버지, 아들, 형제, 조카들, 하녀, 노비, 성적 욕망이 없는 남자 종, 성을 모르는 어린이 외의 다른 사람들 앞에서는 꾸밈새를 드러내지 않도록 하라…”

그러나 현대에 와서 개방적 사회적 환경으로 히잡의 착용을 여성의 자율 의지에 맡기는 국가가 많아졌다. 무슬림 여성들은 자신의 판단에 따라 히잡의 착용 유무를 결정할 수 있다. 그러나 사원에서 예배를 볼 경우에는 반드시 히잡을 착용해야 한다.

반면, 사우디 아라비아나 이란과 같은 일부 이슬람 국가는 법으로 히잡의 착용을 강력히 명시하고 있다.

무슬림이 많이 거주하고 있는 유럽의 국가들의 경우 히잡의 착용에 대해 민감한 반응을 보이고 있다. 특히 프랑스의 경우, 법으로 히잡의 착용을 금지하여 많은 무슬림들의 저항에 직면하고 있다. 무슬림 여성들은 여성들은 히잡을 착용하는 것은 자신들의 고유한 전통을 지키는 자율의 사이며 억압에 의한 것임이 아님을 분명히 주장하고 있다. 이리하여 히잡은 이슬람 여성의 정체성을 상징하는 하나의 수단이 되고 있다.

걸프 국가들의 여성들은 외출 시 히잡 외에 '아바야'라는 검은 겉옷을 입는다. 처음 걸프 지역에 가서 아바야를 입은 여성들을 보면 처음에는 다 똑 같은 옷을 입은 것처럼 보이나 자세히 보면 아바야의 다양한 패션이 눈에 들어온다. 아바야는 천의 재질에 따라 또 목부분이나 소매 끝 부분의 디자인에 따라 다양하며 가격 또한 다양하다.

'아바야'는 외출 시 입는 겉옷임에도 불구하고, 무슬림 여성의 의상은 곧 검은 '아바야'라고 오해하기 쉽다. 가족이 아닌 사람들은 무슬림 여성들의 일상복을 보기 어렵기 때문이다. 하지만 '아바야'는 말 그대로 외출복일 뿐, 그들의 일상복은 우리들의 일상복과 다르지 않다. 물론 각 지역들 마다 전통 의상들이 존재하나 현대의 무슬림 여성들은 편안히 즐길 수 있는 보통의 의상들을 착용한다. 젊은 층 여성들의 경우, 몸매 가 드러나는 과감한 의상을 즐겨 입기도 하다. 걸프 국가들의 쇼핑센터내에 있는 여성 의류 매장들을 보면 현대 여성들의 패션 감각을 엿볼 수 있다.

19세기 히잡과 니깝을 착용한 무슬림 여성 (©Wikimedia Commons)

19세기 베드윈 여성 (©Wikimedia Commons)

쇼핑센터에 나온 아랍 여성들 (©구미란)

두바이 쇼핑센터의 여성 의류 매장 (ⓒ구미란)

헤나 Henna

헤나는 '로소니아 이너미스 lawsonia inermus'라는 식물에서 추출한 염료이다. 가루의 색은 초록색이나, 이 가루를 물과 섞어 끈끈한 상태로 만들면 붉은 색을 띠게 된다. 이 반죽을 꼬깔 모양의 튜브에 넣어 뾰족한 끝을 잘라 짜서 사용한다.

피부 위에 그린 헤나는 굳을 때까지 기다린다. 헤나가 굳은 후 피부에서 살살 떼내고 나면, 헤나로 그린 곳이 그대로 피부에 스며들어 연한 갈색 문양이 나타난다. 이 색은 시간이 지나면서 점차 진해져 2-3일 후엔 진한 갈색으로 변한다. 그리고 나서 시간이 흐르면서 점차 옅어져 사라진다.

헤나는 아랍 뿐만이 아니라 현재 우리 나라에서도 젊은 층에서 많이 유행하고 있다. 헤나를 한 후엔 사우나를 삼가 해야 한다. 공들여 한 헤나가 흔적도 없이 사라져 아쉬워 할 수 있기 때문이다.

로소니아 식물과 헤나 가루 (©Wikimedia Commons)

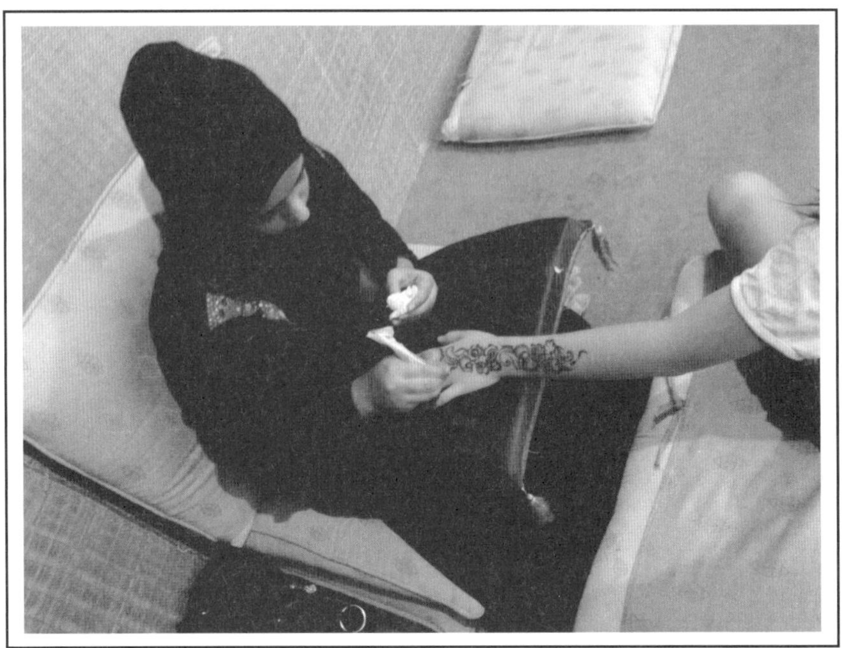

헤나를 하는 모습 (ⓒ구미란)

2. 음식 문화

아랍인의 주식主食

사막에서 사는 베두인들의 주식은 빵피타 과 고기, 그리고 요거트라반이다. 풀을 찾아 이동을 해야 하는 이들에게 보관이 편리한 빵이 주식이 된 것은 당연한 결과일지 모른다. 또한 야채를 많이 먹지 못하는 상황에서 양의 젖을 발효시켜 만든 요거트는 부족한 영양을 채우기에 충분하다.

한편, 그들이 주로 먹는 고기는 양고기이다. 양은 베두인들의 삶에 매우 고마운 존재이다. 친지나 손님들이 모이는 날이면 양 한마리를 잡아 쌀과 함께 끓여 큰 쟁반에 담고 라반을 부어 내는 '멘사프mansaf'라는 요리를 내어 함께 둘러 앉아 나누어 먹는다. 이 때 남자는 남자끼리 여자와 아이들은 따로 먹는다. 그들은 양의 젖과 고기로 영양을 채우고, 양의 털로 카페트 등을 만들며, 양의 가죽으로 신발이나 각종 물건들을 만든다.

낙타 역시 베두인들의 삶에 없어서는 안될 존재이다. 낙타는 혹에 있는 지방으로 오랜 시간 기온이 높은 사막에서 잘 견딜 수 있어 베두인들의 삶에 동반자가 되었다. 이러한 낙타는 살아서는 베두인들의 생활 속에 이용이 되고, 죽어서는 고기와 가죽을 제공한다. 이는 마치 우리나라의 소와 유사한 존재라 할 수 있다.

척박한 사막에서 베두인들의 영양분을 책임진 또 하나의 존재는 '대추야자탐므르'이다. 건조한 기후에서 잘 자라는 이 대추야자로 인해 베두인들은 사막 생활을 할 수 있었다고 해도 과언이 아니다. 영양분이 풍부한 대추야자는 생과를 말리면 당도가 증가하여 무더운 사막 생활을 지탱

할 수 있는 에너지 원이 되었다. 현재에도 대추야자는 아랍 사회에서 꾸준히 사랑 받고 있다. 라마단 금식 중 하루의 금식 시간이 종료되면 가장 먼저 빈 속을 달래며 먹는 것이 대추야자이며, 대추야자를 넣은 초콜릿, 또는 각종 견과류와 섞어 만든 디저트 종류도 다양하다.

사막과 달리 강- 유프라테스, 티그리스, 나일 등- 유역의 지역과 지중해변의 지역-레바논, 시리아, 이집트 등-에서는 농산물이 풍부하고 거기에 각종 향신료를 더한 다양한 음식이 발달하였다. 올리브와 포도, 생선과 고기 등 식탁을 풍성하게 할 다양한 재료들이 많아 사막과는 다른 식탁을 볼 수 있다.

대추야자 나무 (ⓒ구미란)

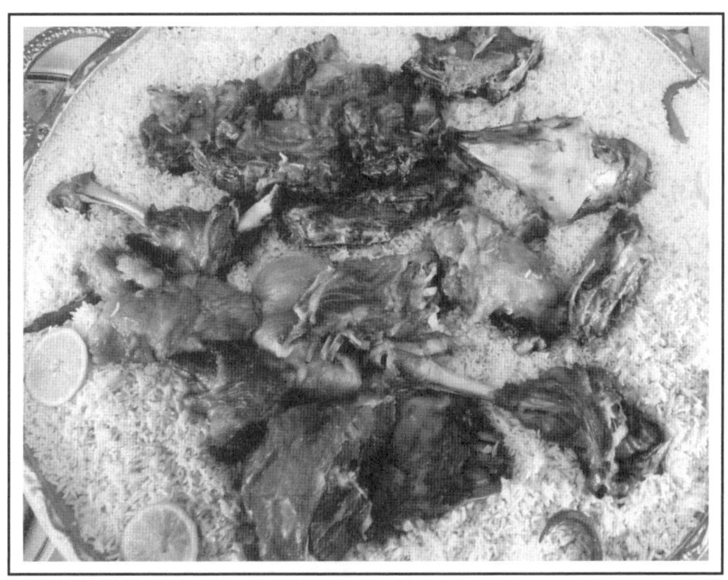

멘사프 (ⓒ구미란)

밀을 맷돌에 갈아 가루를 만드는 모습 (ⓒ구미란)

전통 화덕에 빵을 굽는 모습 (ⓒ구미란)

시장에서 빵을 파는 모습 (©Wikimedia Commons)

전통 음식으로 차려진 현대식 정찬 (©구미란)

두바이 마트에 진열된 각종 치즈들 (©구미란)

케밥 (©Wikimedia Commons)

할랄과 하람

알라는 꾸란을 통해 인간에게 금기의 음식을 명확히 명시하였다. 꾸란 5장 3절에는 "너희에게 허락되지 않은 것이 있으니 죽은 고기와 피와 돼지고기와 알라의 이름으로 잡지 고기가 아닌 것, 목졸라 죽인 것과 때려잡은 것과 떨어져서 죽은 것과 서로 싸워서 죽은 것과 다른 야생이 일부를 먹어버린 나머지와 우상에 제물로 바쳤던 것과 화살에 점성을 걸고 잡은 것이니…"라고 명시되어 있으며, 또한 꾸란 2장 173절에는 "죽은 고기와 피와 돼지고기를 먹지 말라 또한 알라의 이름으로 도살되지 않은 고기도 먹지 말라 그러나 고의가 아니고 어쩔 수 없이 먹은 경우는 죄악이 아니므로 알라는 진실로 관용과 자비로 충만하시다"라고 명시되어 있다. 이렇게 무슬림들에게 금지된 음식을 '하람'아랍어로 '금기'를 의미, 허용된 음식을 '할랄' 아랍어로 '허용된'를 의미 으로 구분한다.

이처럼 이슬람에서 돼지고기는 절대적으로 금지하며, 다른 고기라 할지라도 이슬람 식으로 도축된 고기 만이 허용된다. 이슬람 식으로 도축된 고기와 이러한 고기가 들어가 음식의 종류를 '할랄 음식'이라 한다. 최근 우리 사회에도 할랄 음식이 많이 알려지고 이슬람 국가들과의 교역을 위해 할랄 산업이 확대되고 있다. 그런데 할랄의 의미가 잘못 알려져 모든 음식에 할랄을 구분 해야 한다고 생각한다. 할랄은 육류에만 해당되는 것이다.

할랄이란 양이나 낙타, 소 등을 도축 할 때 '다비하' 과정을 거쳐 마련된 고기를 의미한다. '다비하' 과정은 도축할 짐승의 머리를 메카의 방향으로 놓고 날카로운 칼로 목을 따 피를 모두 제거하는 과정이다. 이 때

짐승을 도축하는 사람은 반드시 무슬림이어야 하며, 도축을 하기 전 반드시 '비쓰밀라' 아랍어로 '신의 이름으로'를 의미 를 외쳐야 한다. 이렇게 마련된 고기에 할랄 인증을 붙이게 된다.

이슬람 국가에는 공식 할랄 인증 기관들이 있어 재료에 육류가 첨가되는 음식에는 할랄 인증을 받아 판매하고 있다.

요즈음 우리 나라도 할랄 산업이 확대되어 이슬람 국가로 수출하는 음식에 할랄 인증을 받아 수출하고 있다. 우리나라의 경우 한국이슬람중앙회에서 할랄 인증 관련 업무를 하고 있다. 그러나 할랄에 대한 이해의 부족으로 생선이나 과일에도 할랄을 명시하는 경우가 있는데, 할랄은 육류에만 해당되는 것이므로 다른 식품군에는 필요하지 않다.

바다에서 잡은 것은 모두 할랄이다. 또한 무슬림이 잡은 것이든 비무슬림이 잡은 것이든 상관 없다. 그러므로 생선 관련 음식에 할랄을 명시하는 것 또한 불필요한 행위이다. 반면, 아랍 국가에 많이 판매되는 라면의 경우, 스프에 소고기 가루 등이 첨가되므로 '할랄'인증을 받는 것이 필수적이다.

돼지고기 외에 절대적으로 금기 되는 것이 '술'이다. 이슬람 이전의 아랍 사회는 술이 자유로운 사회였다. 그러나 사도 무함마드가 정복 사업 중 병사들이 술에 취해 전쟁에 차질을 빚는 상황을 발견하고 엄격히 술을 금지했다고 알려진다. 술과 더불어 이성을 마비시킬 수 모든 것은 하람이다.

현재 이슬람 국가들 중 사우디 아라비아는 공식적으로 술이 금지되어 있다. 외국인도 예외가 없다. 기타 아랍 국가들에는 지정된 장소에서만 술을 팔고 있다. 이용객은 주로 외국인들이다. 그러나 북아프리카의 개방된 국가들에서는 무슬림이라 할지라도 취하지 않는 범위 내에서 술을 즐기는 사람들도 있다. 또한 이집트의 경우에는 현지에서 생산되는 맥주도 있어 나일 강변의 까페 등에는 맥주를 마시는 사람들을 종종 볼 수 있다.

한국이슬람중앙회에서 발행하는 할랄 인증 마크
(© http://www.koreaislam.org.)

아랍국가에 수출되고 있는 한국 라면
(© http://blog.pulmuone.com.)

라마단 달의 음식 문화

히즈라이슬람력 9월인 라마단 달은 금식의 달이다. 이 한 달 동안 무슬림들은 해가 떠서 질 때 까지 물을 포함한 모든 음식을 중단한다. 그리고 해가 진 후에는 식사를 할 수 있다. 그래서 라마단 달에 무슬림들의 식사 시간은 해 뜨기 전 새벽과 해 지고 난 후로 나뉘게 된다.

해가 뜨기 전 먹는 음식을 '수후르'라고 한다. 이 때에는 과일이나 위에 부담이 없는 부드러운 음식들을 먹는다. 그리고 금식이 끝난 일몰 직후에는 금식을 깨는 '이프타르'를 먹는다. 대표적인 이프타르에는 대추야자탐므르가 있다. 일반적으로 무슬림들은 대추 야자 몇 알을 먹고 일몰 예배 마그립 예배를 마친 후 본격적인 식사를 한다.

라마단 금식 기간 동안 무슬림들은 이프타르를 가족들과 함께 한다. 또한 번갈아 가면서 친지나 친구들을 초대해 함께 먹는 경우가 많다. 따라서 라마단 달은 이슬람 세계에서 나눔의 달이다. 가족 친지들뿐만 아니라 가난한 사람들에도 음식을 나누어 함께 먹는다. 부자들이나 자선단체들은 시내 곳곳에 라마단 텐트를 설치하고 해가 지면 이프타르를 무료로 제공한다. 무슬림들은 어느 누구도 이 라마단 텐트에서 식사를 할 수 있다. 또한 정치인들이나 사업가들은 자신의 지지자들 또는 사업 파트너들을 초청하여 이프타르를 개최하기도 한다.

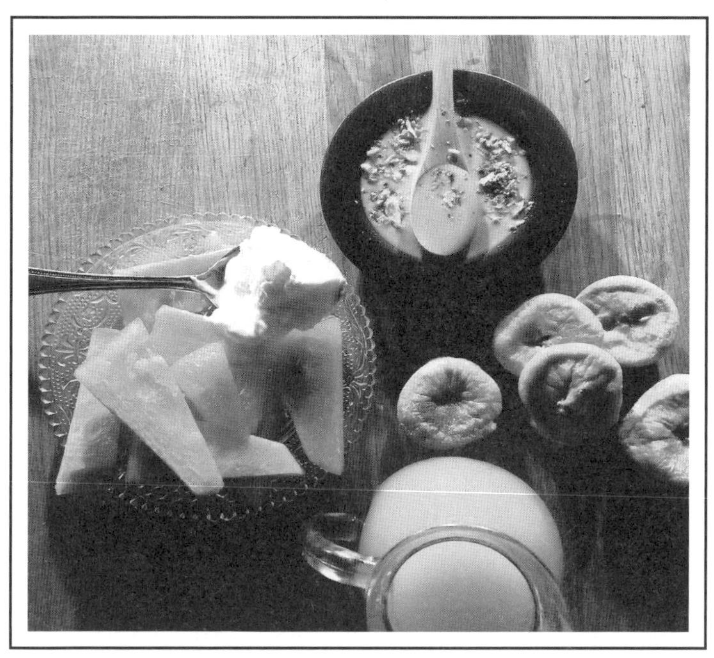

간단하게 차린 아랍의 수후르(위)와 이프타르(아래)
(©Wikimedia Commons)

무슬림들을 초청하여 백악관에서 이프타르를 개최한 버락 오바마 미국 전대통령 (©Wikimedia Commons)

식사 예절

아랍 사회에서 전통적인 식사 형태는 바닥에 천을 깔고 음식이 담긴 쟁반이나 그릇을 놓고 함께 주위에 둘러앉아 손으로 먹는 것이다. 따라서 식사 전에 손을 깨끗이 씻는 것이 예의이다. 또한 앉아 있을 때 발바닥을 상대방이 보이도록 앉으면 안된다.

음식은 반드시 오른손으로 먹는다. 이슬람에서는 오른손과 왼손의 역할이 구분되어 있으므로 주의해야 한다. 음식을 먹을 때, 악수를 할 때는 오른손을, 화장실에서 볼일을 보고 뒤처리를 할 때는 왼손을 사용한다.

식사를 반드시 '비쓰밀라'아랍어로 '신의 이름으로'를 의미로 시작하며, 식사를 마친 후에는 '알 함두릴라' 아랍어로 '신에게 찬미를'을 말한다.

식사 시간은 아랍인에게 사교의 시간이다. 함께 사는 가족들이라 할지라도 각자 하루에 있었던 일들을 이야기하며 화기 애애한 분위기에서 식사를 즐긴다. 아랍에서는 음식 앞에서 과묵한 모습은 음식이 맛이 없거나 함께 먹는 사람들이 마음에 들지 않는다는 오해를 불러일으킬 수 있다. 식사 중에 말을 삼가 해야 한다는 우리의 전통적인 식사 예절과는 정 반대되는 상황이다.

아랍인들과 친해지면 그들의 집에 초대받는 경우가 많다. 심지어 필자는 여행 도중 버스에서 만난 아랍 할머니가 무작정 손을 잡고 자신의 집에 가서 저녁을 먹고 자고 가라고 했던 경우도 있다. 이렇게 아랍인들은 자신의 집에 손님을 초대하여 식사를 하는 것을 즐겨 한다. 또한 손님을 초대했을 경우 음식을 푸짐하게 차려 놓으며, 식사 중 손님에게 음식을 재차 삼차 권유한다. 그래서 자신의 접시 위에 무조건 음식을 올려주는 주인의 호의를 거절하기가 매우 어려워 난감할 때가 있다.

아랍인의 식사 시간은 우리와는 조금 다른 형태이다. 아침 식사는 새벽 첫 예배가 끝난 후 직장이나 학교를 가기 전에 먹기 때문에 7시 전후에 하는 경우가 많다.

저녁 식사는 밤 8시 이후에 이루어진다. 보통 저녁 식사는 가족 간의 대화의 장이 된다. 그래서 식사 시간도 1-2시간이 보통이다. 현대의 아랍인들은 가족 단위로 저녁에 외식을 하는 경우가 많아 쇼핑몰의 레스토랑들은 밤이 되면 가족 손님들로 북적인다.

그래서 아랍인의 집에 저녁 초대를 받는 경우에도 우리 보다 늦은 식사 시간으로 어려움을 느낄 때도 있다. 저녁 초대는 보통 8시경에 집에 도착하는 것이 일반적이다. 초대해 준 집에 도착을 하면, 응접실에서 커피나 홍차를 대접받고 대화를 나누게 된다.

가정 환경은 국가마다 다르다. 보수적인 걸프 지역의 가정은 여성들과 남성들의 공간이 분리되어 있어, 남성이 초대받아 간다면 그 집의 여성 가족들은 만날 수 없는 것이 일반적이다. 여성들도 마찬가지로 여성들만의 공간에 모이게 된다. 그러나 개방된 이슬람 국가들에서는 남녀 가족이 같이 모여 손님을 맞이하기도 한다.

본격적인 식사는 9시가 넘어 시작되는 경우가 많다. 식사 시간은 보통 1시간이 훌쩍 넘으며 12시가 넘게 이어지는 경우도 있다.

현대에는 집이 아닌 레스토랑에 손님을 초대하는 경우도 많으며, 집에 초대를 했더라도 테이크 아웃으로 음식을 주문하여 손님을 접대를 하는 경우도 많다.

사우디의 전통 레스토랑

가족 전용 공간(위 사진)과 남성들만의 공간(아래 사진)이 나뉘어져 있다. 가족 전용 공간은 외부에서 보이지 않도록 커튼이 쳐져 있다. (©구미란)

전통 레스토랑에서 손님들을 위해 전통 음식을 세팅하고 있는 모습 (©구미란)

패스트 푸드 점에서 식사를 하는 사우디인들 (©구미란)

커피와 홍차

커피의 원산지가 예멘인지 에디오피아인지에 대한 학설은 분분하다. 그러나 지금의 '커피coffee'라는 용어가 아랍어의 '까흐와'에서 유래된 것이기에 예멘이 가까울 것이라 생각한다.

예멘의 커피에 대한 알려진 이야기는 이렇다. 지방의 목동이 어느 날부터 양들이 밤에 잠을 자지 않고 울어대 마을의 셰이크 이슬람 사회에서 학식이나 연륜이 높은 어른을 지칭하는 명칭에게 자문을 구했다. 셰이크는 양들이 낮에 먹는 풀들을 잘 살펴보라 일렀고, 목동은 그의 양들이 빨간 열매를 따먹는 것을 발견했다. 그것이 바로 커피의 열매였다.

이렇게 발견된 커피의 열매를 사람들은 갈아서 물에 타 마시기 시작했고 그 특유의 맛과 각성의 효과를 느낀 무슬림들 사이에 널리 퍼지게 되었다. 특히 명상을 주로 하는 수피 무슬림들이 애용하는 음료로 널리 알려졌다. 우리에게 많이 알려진 '모카 커피'는 예멘의 항구도시 '모카'에서 유래한다.

이슬람 제국이 확대 되면서 커피도 이슬람 제국 곳곳으로 퍼져 나갔고 15세기에는 북아프리카와 동남아지역까지 널리 퍼지게 되었다. 이렇게 커피가 확대된 이유는 실크로드를 통해 무역을 했던 상인들, 항해사, 선교사 등에 의해 빠르게 알려졌기 때문이다.

그리하여 16세기 이후에는 유럽에 까지 커피가 알려지게 되었고, 전 유럽인들이 커피를 애용하기 까지 그리 오래 걸리지 않았다. 그리하여 아랍의 '까흐와'가 오늘날의 '커피'로 알려지게 된 것이다.

현재 우리나라에도 커피는 단연 가장 많이 팔리는 음료이니 커피는 이제 전 세계인이 사랑하는 음료라고 해도 과언이 아니다.

아랍의 전통 커피는 우리가 일반적으로 알고 있는 커피와는 조금 다르다. 전통 아랍식 커피는 흐린 갈색에 우리의 소주잔 크기와 비슷한 작은 도자기 잔에 마신다. 양이 적어 여러 잔을 마시게 되는데 커피를 서빙하는 사람은 잔이 비어 있으면 계속 채워준다. 이 때 원하지 않으면 다 마셨다는 의미로 컵을 좌우로 살짝 흔들어준다.

한편, 현대 아랍인들은 아랍 전통의 커피 외에도 해외 브랜드의 커피 전문점을 이용하는 경우가 많아졌다.

커피와 더불어 아랍인들이 사랑하는 음료가 바로 홍차이다. 아랍인들이 홍차를 즐기는 방법은 뜨거운 홍차를 작은 유리잔에 가득 따르고 여기에 설탕을 듬뿍 넣어 마신다. 필자가 본 아랍인들은 평균적으로 설탕을 3-5 티스푼을 넣었다. 아랍인들이 단 음식과 단 음료를 먹는 이유는 무더운 환경에서 지치지 않도록 에너지를 얻기 위한 것인 것 같다.

베드윈이 커피를 끓이기 위해 절구에 원두를 빻는 모습 (©구미란)

아랍 전통 레스토랑에서 손님들에게 접대할 커피를 준비하는 모습 (©구미란)

리야드에 위치한 스타 벅스 (©구미란)

아랍의 홍차 (©http://kaizu.land)

■ ■ ■ 참고문헌 ■ ■ ■

김동문, 『이슬람의 두 얼굴』, 예영커뮤니케이션, 2001.

버나드 루이스, 이희수 옮김, 『중동의 역사』, 까치글방, 1998.

서정민, 『인간의 땅, 중동』, 중앙북스, 2009.

엄익란, 『무슬림 마음속에는 무엇이 있을까? 』 한울, 1999.

엄익란, 『이슬람의 결혼문화와 젠더』, 한울, 2007.

엄익란, 『할랄, 신이 허락한 음식만 먹는다』, 한울, 2011.

오은경, 『베일 속의 여성 그리고 이슬람』, 시대의 창, 2014.

유스프 까르다위, 최영길 역, 『이슬람의 허용과 금기』, 세창출판사, 2011.

정수일, 『문명교류사연구』, 사계절, 2012.

정수일, 『이슬람 문명』, 창작과 비평사, 2003.

조희선, 『아랍문학의 이해』, 명지출판사, 1999.

최영길, 『성 꾸란 의미의 한국어 번역』, 파하드 국왕성 꾸란 출판청, 1998.

프랜시스 로빈슨 외 지음, 손주영 외 옮김, 『케임브리지 이슬람사』, 시공사, 2002.

하인리히 E. 야콥 지음, 박은영 옮김, 『커피의 역사』, 우물이 있는 집, 2002.

http://www.koreaislam.org

V. 한국과 이슬람

한국에 이슬람이 알려지게 된 계기는 1950년 한국 전쟁 당시 UN 연합군으로 우리 나라에 파견된 터어키군에 의해서였다. 전쟁이 끝난 후 터어키군의 이맘이었던 압둘 가푸르가 한국인에게 이슬람을 포교하기 시작하여 본격적인 한국에 이슬람의 역사가 시작되었다. 2014년 현재 한국에는 국내외인을 합하여 약 20만 명이 넘는 무슬림들이 거주하고 있다.

이슬람의 역사에서 한국이 알려진 것은 중세 시대로 거슬러 올라간다. 12세기 초 이슬람의 지리학자인 알 이드리시(1099-1166)는 1154년에 완성한 그의 명저『세계의 여러 지역들을 횡단하려는 사람의 즐거운 여행』(일명『루지에로 왕의 책』)속에 신라를 중국 동남해상에 있는 여러 개의 섬나라로 그렸다. 이것은 한국 표시되어 있는 현존하는 세계 지도 중 가장 오래된 것이다.

중세 신라를 기록한 이슬람의 학자들은 모두 신라는 금이 많은 곳이라고 표현했다. 신라를 설명했던 알 마끄디 학자는 개나 원숭이의 목줄

조차도 금으로 되어 있다고 언급한 것으로 보아 당시 신라는 금속 합금술이 뛰어났음을 알 수 있다.

한국과 이슬람 세계와의 본격적인 교류의 확대는 1970년대 한국이 아랍 국가들에 건설 분야에 진출하면서부터이다. 당시 중동 건설 붐을 통해서 한국의 대규모 건설 인력들이 파견되어 활동하였다. 한국의 대형 건설사 들은 사우디 아라비아를 비롯한 오일 머니가 풍부한 아랍 국가들의 건설을 수주 받고 한국의 기술자들은 뜨거운 사막 한 가운데에서 도로를 닦고 건물을 지었다. 이 당시 벌어들인 오일 머니로 한국은 근대화의 발전을 이룰 수 있었다.

이후 1990년대 이후에는 한국의 전자 제품 및 자동차가 본격적으로 진출하여 당시 주류를 이루고 있던 유럽과 일본 제품들과 겨루었다.

현재 한국은 위에 언급된 분야 외에도 원자력 기술 및 의료 서비스, IT 분야 등 최첨단 기술들이 아랍 국가들에 진출하여 활동하고 있다. 또한 한국의 음식들도 할랄 인증을 받아 수출하기 시작하여 아랍 국가의 대형 마트에서 한국의 음식을 발견할 수 있다.

또한 한국의 드라마, K-POP등 대중 문화가 아랍 및 이슬람 국가들에 소개되어 한류 열풍이 불고 있다. 대부분의 드라마는 아랍어로 번역되고 각 국의 가정에 방영되었고, 아랍의 젊은 층들은 인터넷을 통해 드라마와 K-POP을 보며 한국어를 익히기도 한다. 같은 한국인이라도 따라 하기 어려운 랩의 가사들을 줄줄 외우는 아랍의 젊은이들도 찾아볼 수 있다. 또한 모로코 등에서는 한국 걸그룹의 댄스를 따라하는 커버 댄스 대회가 열리기도 했다.

한편, 한국 내의 이슬람을 살펴보면, 1976년 서울 이태원에 최초의 이슬람 사원이 건립되어 본격적인 이슬람 포교를 시작하게 되었다. 이어 1980년 부산에, 1981년 경기도 광주에, 1986년 전주에 이슬람 사원이 건립되었고, 현재에는 전국에 사원과 선교센터가 14개에 달한다.

현재 한국에는 이슬람 지역에서 온 무슬림 이주 노동자와 그들과 결혼한 여성들, 그리고 그들의 2세들의 증가로 무슬림의 수가 증가하고 있으나 국내의 이슬람 문화에 대한 이해도가 높지 않아 어려움을 많이 겪고 있는 현실이다. 따라서 국내의 이슬람에 대한 교육이 확대되어야 할 필요가 대두되고 있다.

관광적인 면에서 보면 매년 한국을 찾는 아랍 관광객들이 눈에 띄게 증가하고 있다. 앞서 언급한 한국의 드라마, K-POP의 영향으로 한국을 찾아 여행을 오는 가족 단위의 관광객들이 증가하고 있다. 한국관광공사의 2016년 통계에 따르면 무슬림 관광객이 98만명으로 전년보다 33% 증가했다. 이는 지난해 전체 외국인 관광객 증가율인 30.3%보다 높은 수준이다.

그러나 그들이 한국에 와서 많은 어려움을 겪는다. 대표적인 것이 음식이다. 아랍인들은 대부분 무슬림으로서 '할랄'음식을 먹는데, 우리 나라에는 그들의 금기인 돼지고기가 들어간 요리가 많고, 일반 식당에서는 할랄 고기를 쓰지 않기 때문에 아랍 여행객들은 할랄 음식을 찾아 다니느라 고생을 하는 경우가 많다. 그러나 요즈음 서울의 이태원이나 명동 등에는 할랄 식당이 많이 생겨나고 있는 추세이다.

한국의 이슬람 사원 (위로부터 서울 사원, 부산사원, 전주사원 © http://www.koreaislam.org)

두바이의 대형 마트에 전시된 한국의 음식 (©구미란)

한국의 소식을 실시간으로 아랍 세계에 전하는 KBS World Radio의 아랍어 홈페이지 (©http://world.kbs.co.kr/arabic)

아랍 국가에 수출된 한국의 자동차들 (ⓒ구미란)

아랍 국가에 설치된 국내 제품 광고 (©구미란)

■ ■ ■ 참고문헌 ■ ■ ■

정수일, 『이슬람 문명』, 창작과 비평사, 2003.

정수일, 『문명교류사연구』, 사계절, 2012.

http://100.daum.net/encyclopedia

http://news.donga.com

http://www.koreaislam.org

https://ko.wikipedia.org

http://world.kbs.co.kr

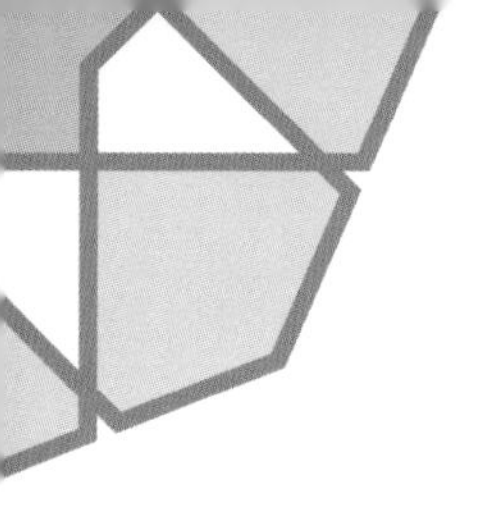

여행 아랍어 회화

1. 기본 인사

> 앗쌀라-무 알라이쿰. (인사)
>
> 와 알라이쿠뭇 쌀람-. (대답)

이 표현은 아랍인들뿐만 아니라 전 세계 무슬림들에게 통용되는 가장 기본적인 인사로써, 우리말의 '안녕하세요'에 해당된다. 의미는 '(신의)평화가 당신들께 깃들기를 바랍니다'이며, 대답은 인사의 두 단어를 도치시켜 말한다. 역시 상대방에게도 신의 평화가 깃들기를 바란다는 의미가 된다.

> 마르하반. (인사)
>
> 마르하반 비카. / 비키. (대답)

이 표현은 '앗쌀라무 알라이쿰'과 같이 인사로 많이 사용된다. 아랍 · 이슬람 사회에 살고 있는 비무슬림들은 이 표현을 많이 쓴다.

또한 대답을 할 때 상대방이 남성이면 '마르하반 비카', 상대가 여성이면 '마르하반 비키'를 쓴다.

2. 안부 묻기

케이파 할-? (어떻게 지내세요?) (인사)

'케이파'는 '어떻게'라는 의문사이며, '할-'은 '상태 · 상황'의 의미이다. 이 표현은 '안녕하세요'라는 인사 바로 뒤에 한다. 아랍인들의 인사는 매일 만나는 사이라도 상대의 안부를 물어주는 것이 예의이다.

비 카이르. (잘 지냅니다.)(대답) 알 함두 릴라. (알라께 은총을)

'카이르'는 '좋은 · 善'의 의미이다. '알 함두'는 '영광', '릴라'는 '알라께'라는 의미이다. 이슬람에서는 모든 좋은 일들은 알라의 은혜로 이루어진다고 믿기 때문에 잘 지낸다는 표현 끝에는 반드시 알라의 은총에 감사하는 '알 함두 릴라'를 붙인다.

3. 하루 인사

싸바-할 카이르. (인사)

싸바-한 누-르. (대답)

이 표현은 아침 인사이다. 인사를 하는 표현은 '좋은 아침'의 의미이며, 대답은 '빛의 아침'이라는 의미이다. '싸바-흐'는 '아침', '카이르'는 '좋은, 선한'의 의미이다.

마싸-알 카이르. (인사)

마싸-안 누-르. (대답)

이 표현은 오후 인사이다. 의미는 아침 인사와 같은 '좋은 오후', 대답은 '빛의 오후'라는 뜻이다. '마싸-'는 '오후'의 의미이다.

4. 친구 사귀기

아나- 민수. (나는 민수입니다.)

아랍어에서 '나는'은 '아나-'이다. 아랍어에서 명사로 이루어진 문장에서는 영어에서처럼 be동사의 역할을 하는 단어가 없다. 그러므로 '아나-'뒤에 자신의 이름을 붙이면 '나는 000입니다.'가 된다. 아랍어 명사는 남성과 여성 이 구분되나 '나'를 나타내는 '아나'는 남·녀 공용으로 사용한다.

이쓰미- 민수. (내 이름은 민수입니다.)

'이쓰미-'는 '이름'의 아랍어 명사 '이씀'에 '나의'를 나타내는 접미어 '이-'가 붙여진 것으로 '나의 이름은'의 의미이다.

마쓰무카? / 마쓰무키? (당신의 이름은 무엇입니까?)

이 문장은 '마'(무엇)+'이씀'(이름)+카(당신·남)/키(당신·여)가 합쳐진 문장이다. 상대에 따라 남자에게는 '마쓰무카?', 여자에게는 '마쓰무키?'라고 질문한다. '마'는 명사 앞에서만 쓰인다.

민 아이나 안타? / 민 아이나 안티? (당신은 어디에서 왔습니까?)

'민'은 '-에서', '아이나'는 '어디', '안타'는 '당신 · 남', '안티'는 '당신 · 여'의 의미이다. 그래서 상대가 남자라면 '민 아이나 안타?'를 여자라면 '민 아이나 안티?'라고 해야 한다.

아나- 민 쿠-리-야. (나는 한국에서 왔습니다.)

'나는 -에서 왔습니다'는 '아나- 민-' 의 표현으로 마지막에 국가명이나 지명을 붙이면 된다.

아나- 쿠-리-./ 아나- 쿠-리-야. (나는 한국인 입니다.)

'내'가 남성일 경우에는 '쿠-리', '내'가 여성일 경우에는 '쿠-리-야'를 쓴다.

푸르싸 싸이-다. (만나서 반갑습니다.) (인사)

'푸르싸'는 '기회', '싸이-다'는 '행복한'의 의미로 당신을 만난 것이 나에게 행복한 기회가 된다는 의미이다.

아나 아쓰아드. (제가 더 반갑습니다.) (대답)

'아쓰아드'는 '더 행복한'의 의미로 당신을 만난 것이 내게는 더 행복한 일이라는 의미로 앞의 문장에 대답으로 쓰인다.

아흘란 와 싸흘란. (반갑습니다.) (인사)

환영을 나타내는 표현으로 '아흘'은 '가족'을 '싸흘'은 '쉬운, 편안한'의 의미이다. 가족과 같이 편안히 대한다는 의미이다.

아흘란 비카. / 아흘란 비키.(대답)

위의 인사에 대한 대답으로 상대가 남성이면 '아흘란 비카', 상대가 여성이면 '아흘란 비키'로 대답한다.

5. 감사의 인사

슈크란. (감사합니다.)

슈크란 좌질-란. (대단히 감사합니다.)

알프 슈크란. (매우 감사합니다.)

아슈쿠르카. / 아슈쿠르키. (당신께 감사드립니다.)

'슈크란'은 '감사하다'는 기본적인 표현이다. '좌질-란'은 '매우'라는 의미의 부사이다. 또한 '알프'는 '천千'을 의미한다. 그러나 여기에서는 단순히 숫자를 의미하는 것이 아니라 '많은'을 의미한다.

'아슈쿠르카'는 '내가 당신에게 감사하다'는 표현으로 '감사하다'의미의 동사 '샤키라'에 주어 '나'와 목적어 '당신'이 결합된 형태이다. 상대의 성별에 따라 남성에게는 '아슈쿠르카', 여성에게는 '아슈쿠르키'로 답한다.

아프완. (천만에요.)

감사하다는 인사에 대해 겸손을 나타내는 대답이다.

6. 장소 물어보기

아이나 마트파흐? (박물관이 어디입니까?)

'아이나'는 장소를 물어보는 의문사이다. 질문하고 싶은 곳이 있으면 해당되는 단어를 '아이나' 뒤에 붙이면 된다.

장소 명사는 다음과 같다.

시장 : 쑤-끄

학교 : 마드라싸

전철역 : 마핫따 미트루

기차역 : 마핫따 끼따-르

공항 : 마따-르

우체국 : 마크탑 바리-드

도서관 : 마크타바

대학교 : 좌-미아

공원 :하디-까

동물원 : 하디-까 하야와나-트

병원 : 무스타슈파

약국 : 싸이달리야

국립극장 : 마쓰라흐 와따니-

영화관 : 씨네마

커피숍 : 마끄하

식당 : 마뜨암

호텔 : 푼두끄

집 : 바이트, 만질

버스 정류장 : 마우끼프 우투비-쓰

케이파 아즈합 일라 마트하프? (박물관을 어떻게 갑니까?)

'케이파'는 '어떻게' 의미의 의문사이다. '아즈합'은 '내가 가다'라는 동사이고 '일라'는 '-로' 의미의 전치사이다. '케이파 아즈합 일라 - '는 '내가 -로 어떻게 갑니까?'로 마지막에 가고가 하는 장소를 붙이면 된다.

라우 싸마흐타. / 라우 싸마흐티. (실례지만)

이 표현은 질문을 하거나 요청을 할 때 공손한 표현을 위해 문장의 맨 앞에 붙이는 어구이다. '라우'는 '만약', '싸마흐타'는 '당신(남)이 허락하다'로, 원 뜻은 '당신이 허락하신다면'이다. 상대가 남성일 때는 '라우 싸마흐타', 상대가 여성일 때는 '라우 싸마흐티'를 쓴다. '실례지만, 병원이 어디입니까?'는 '라우 싸마흐타, 아이나 무스타슈파?'라고 표현한다.

7. 시간 묻고 대답하기

캄 싸-아툴 안-? (지금 몇 시 입니까?)

'캄'은 의문사로 '몇'을 의미한다. '싸-아'는 '시각'을, '알안-'은 '지금'을 의미한다. 하루 12시간의 명칭은 다음과 같다.

1시 : 앗 싸-아툴 와-히다　2시 : 앗 싸-아툿 싸-니야

3시 : 앗 싸-아툿 쌀-리싸　4시 : 앗 싸-아투 라-비아

5시 : 앗 싸-아툴 카-미싸　6시 : 앗 싸-아툿 싸-디싸

7시 : 앗 싸-아툿 싸-비아　8시 : 앗 싸-아툿 싸-미나

9시 : 앗 싸-아툿 타-씨아　10시 : 앗 싸-아툴 아-쉬라

11시 : 앗 싸-아툴 하-디야타 아샤라

12시 : 앗 싸-아툿 싸-니야타 아샤라

30분 : 니쓰프　20분 : 쑬쓰

15분 : 루브으　10분 : 아샤라 다까-이끄

5분 : 캄쓰 다까-이끄

앗 싸-아툴 와-히다 와 루브으. (한 시 15분 입니다.)

'시時' 다음에 분을 말할 때는 '시'를 먼저 말하고 '그리고' 의미의 접속사 '와'를 쓴 다음 '분分'에 해당하는 단어를 말한다.

앗 싸-아툴 와-히다 일라 루브으. (1시 15분 전-12시 45분 입니다.)

'몇 분 전'을 표현할 때는 '-을 제외하고' 의미의 전치사 '일라'를 사용한다.

8. 레스토랑에서

마-자- 투리-드? / 마-자- 투리-딘-? (당신은 무엇을 원하십니까?)

'마-자-'는 의문사로 동사 앞에서 '무엇'을 물어보는 경우에 사용한다. '투리-드'는 '당신이 원하다'라는 동사이며, 상대가 남성일 경우에는 '투리-드', 여성일 경우에는 '투리-딘-'을 쓴다.

우리-드 케밥. (나는 케밥을 원합니다.)

'우리-드'는 '나는 -을 원합니다'라는 표현이며, 원하는 것을 뒤에 붙이면 된다. 음식의 명칭은 다음과 같다.

빵 : 쿱즈

치즈 : 주븐

올리브 : 제이툰

커피 : 까흐와

생선 : 싸마크

과일 : 퐈-키하

우유 : 할립-

버터 : 줍다

대추야자 : 탐므르

홍차 : 샤-이

고기 : 라흠

야채 : 쿠다르

우리-드 아-씨르 부르투깔-. (나는 오렌지 주스를 원합니다.)

'아씨-르'는 '주스'라는 의미로, '우리-드 아씨르'는 '나는 주스를 원합니다'이다. 따라서 자신이 원하는 과일이나 야채명을 문장에 맨 끝에 붙이면 원하는 주스를 주문할 수 있다. 과일과 야채명은 다음과 같다.

오렌지 : 부르투깔-

사과 : 툽파-흐

포도 : 이납

레몬 : 라이문-

바나나 : 마우즈

복숭아 : 미슈미슈

멜론 : 샴맘

파인애플 : 아나나-스

토마토 : 따마-띰

당근 : 좌자르

오이 : 키야-르

9. 시장에서

할 에인다큼 퐈-키하? (과일이 있습니까?)

'할'은 '의문사'이며, '에인다큼'은 '당신에게 −이 있다', '퐈−키하'는 '과일'이다. '할 에인다큼 −?'은 '당신에게 −이 있습니까?"의 의미이다. 따라서 원하는 물건이나 상품이 있을 경우 상점에서 주인에게 '할 에인다큼 000?'라고 물어보면 된다. 상품 관련 명칭은 다음과 같다.

구두 : 히자−
양말 : 좌우랍
셔츠 : 까미−쓰
모자 : 꿉바아
가방 : 하끼−바
반지 : 카−팀
비누 : 싸분−
펜, 연필 : 깔람
양복 : 바들라
원피스 : 푸스탄−
치마 : 탄누−라
벨트 : 히잠−
목걸이 : 이끄드
슬리퍼 : 쿳프
칫솔 : 푸르샤 툴 아쓰난−
수건 : 민샤파

캄 싸만 하자-?

비캄 하자-? (이것은 얼마입니까?)

하자- 갈-리. (이것은 비쌉니다.)

하자- 라키-쓰. (이것은 쌉니다.)

하자- 마으꿀. (이것은 적당합니다.)

'캄'은 '얼마'를 물어보는 의문사이다. '싸만'은 '가격', '하자-'는 '이것'이다. 아랍의 재래 시장에는 가격표가 없거나 있어도 흥정에 따라 가격이 달라지므로 물건을 살 때 흥정에 신경 써야 한다.

아으띠니- 하자-. (저에게 이것을 주십시오.)

'아으띠니'는 '나에게 -을 주십시오'라는 뜻으로 뒤에 원하는 물건의 명칭을 붙이면 된다. '연필 주세요'는 '아으띠니 깔람'하면 된다.

10. 병원에서

아슈우르 알람 피 라으쓰. (나는 두통을 느낍니다.)

'야슈우르'는 '내가 –을 느끼다', '알람'은 '통증', '피'는 '–에', '라으쓰'는 '머리'이다. '야슈우르 알람 피 – ' 는 '나는 –에 통증을 느낍니다' 라는 표현이 되므로 마지막에 통증이 있는 신체의 부위를 덧붙이면 자신이 아픈 부위를 표현할 수 있다. 신체 부분의 명칭은 다음과 같다.

머리 : 라으쓰

얼굴 : 와즈흐

눈 : 아인

코 : 운프

귀 : 우즌

입 : 팜므

목 : 우누끄

손 : 야드

손가락 : 이쓰바으

팔 : 지라–으

배 : 바뜬

등 : 좌흐르

다리 : 리즐

발 : 까담

11. 숫 자

아랍에서 사용되는 숫자는 우리가 알고 있는 아라비아 숫자와는 다른 아랍 숫자를 사용한다. 따라서 아랍 숫자와 숫자의 명칭을 익혀 두는 것이 유용하다.

아라비아 숫자	아랍 숫자	명칭
0	٠	시프르
1	١	와-히드
2	٢	이쓰넨-
3	٣	쌀라-싸
4	٤	아르바아
5	٥	캄싸
6	٦	씻다
7	٧	싸브아
8	٨	싸마-니야
9	٩	띠쓰아
10	١٠	아샤라
100	١٠٠	미아
1000	١٠٠٠	알프

12. 아랍인들이 많이 사용하는 관용구

비쓰밀라 (신의 이름으로)

인 샤 알라 (신이 원하신다면)

마 샤 알라 (신이 원하시는 것)

알 함두 릴라 (신께 영광을)

알라후 아크바르 (신은 가장 위대하시다)

바-라칼 라후 피-카 (신께서 당신을 축복하시길)

알라후 유쌀리무카 (신께서 당신을 지켜주시길)